Joachim Schmiedl

Karl Leisner –
Leben für die Jugend

Patris Verlag • Vallendar-Schönstatt

Die Deutsche Bibliothek - CIP-Einheitsaufnahme

Schmiedl, Joachim:
Karl Leisner : Leben für die Jugend / Joachim Schmiedl. - Vallendar-Schönstatt : Patris-Verl., 1996
ISBN 3-87620-193-4

2. Auflage 1997

Umschlaggestaltung: Hildegard Hug
Foto: Wilhelm Leisner
Herstellung: Neuwieder Verlagsgesellschaft mbH, Neuwied

Inhalt

Vorwort

Das 20. Jahrhundert – ein Jahrhundert der Märtyrer. Wie nie zuvor in der Geschichte der Kirche wurden Christen um ihres Glaubens willen verfolgt und getötet. Tausende wurden in der mexikanischen Kirchenverfolgung, während des spanischen Bürgerkriegs, in den nationalsozialistischen und kommunistischen Konzentrationslagern und Gefängnissen, aber auch in jüngster Zeit durch religiöse Fundamentalisten in verschiedenen Ländern Afrikas und Asiens, umgebracht, weil sie Christen waren, sich als solche bekannten und so als Gegner der Regime galten. Oft verschleierten die Täter ihre Spuren. Das lautlose Verschwinden von Menschen, ihr langsames und qualvolles Sterben und die Beseitigung unliebsamer Zeugen sind gemeinsame Kennzeichen der christenfeindlichen Diktaturen des 20. Jahrhunderts. Seit der Seligsprechung Maximilian Kolbes im Jahr 1971 reißt die Zahl derjenigen nicht ab, von denen die Kirche offiziell erklärt, daß sie auf diese Weise ein Zeugnis des Glaubens abgelegt haben.

Zu diesen Märtyrern unseres Jahrhunderts gehören Bernhard Lichtenberg und Karl

Leisner. Durch ihre Seligsprechung am 23. Juni 1996 wurden sie von der Kirche als exemplarische Gestalten anerkannt, die das Ziel ihres Lebens – die volle Gemeinschaft mit Gott – erreicht haben.

In diesem kurzen Lebensbild soll Karl Leisner vorgestellt werden, ein Jugendführer aus der Diözese Münster, der als Neupriester kurz nach seiner Befreiung aus dem Konzentrationslager gestorben ist. Ausführliche Tagebuchauszüge lassen ihn dabei selbst zu Wort kommen. Dabei von Karl Leisner verwendete Abkürzungen sind der besseren Lesbarkeit halber ausgeschrieben.

Essen, 13. Mai 1996

Joachim Schmiedl

Eine katholische Familie

Am 28. Februar 1915 wurde Karl Leisner geboren. Wilhelm, sein Vater, war damals 29 Jahre alt (er lebte von 1886 bis 1964). Beruflich war er als Beamter am Amtsgericht tätig. Ordnungsliebe, Gewissenhaftigkeit, tiefe Verwurzelung im Glauben – das waren die Werte, die er für sich lebte und seinen Kindern weitergab. Seine Frau Amalie Falkenstein (1892-1983) stammte wie Wilhelm Leisner aus dem niederrheinischen Städtchen Goch, wo die beiden Familien in derselben Straße wohnten. Amalie wurde als sanft, liebenswürdig und ausgleichend charakterisiert. 1914 heirateten Amalie und Wilhelm Leisner in Köln. Ihre Wohnung fanden sie in Rees am Niederrhein.

Der Lebensbeginn Karl Leisners wie sein Lebensende fällt mit den beiden großen Kriegen zusammen, die das Gesicht Deutschlands und Europas im 20. Jahrhundert veränderten. Noch während der Kaiserzeit geboren, stirbt er in den Anfängen des demokratischen Deutschland. Die mentalitätsgeschichtlichen Wandlungen dieser drei Jahrzehnte prägen zutiefst Karls Leben. Er lebt die politischen, gesellschaftlichen und kirchlichen Veränderungen dieser Jahre mit.

Von Beginn seines Lebens an ist Karl Leisner in die Wirren des Krieges mit einbezogen. Der Vater wurde nach Kriegsbeginn in ein bayerisches Regiment eingezogen. Wegen einer Verwundung, die er 1916 an der Westfront erlitten hatte, wurde er als Ausbildungsoffizier nach Immenstadt im Allgäu versetzt. Die letzten beiden Kriegsjahre kam die Familie nach und wohnte dort in einer Mietwohnung. Inzwischen wurden der Bruder Willi (1916) und die Schwester Maria (1917) geboren. Paula, die 1919 zur Welt kam, und Elisabeth (1923 geboren) vervollständigten die Familie.

In den ersten Lebensjahren Karls mußte die Familie mehrfach umziehen. Kriegsbedingt war der Umzug von Rees nach Immenstadt. Zurückgekehrt nach Rees, wurde der Vater 1921 als Rentmeister an die Gerichtskasse nach Kleve versetzt. Die Familie bewohnte dort zunächst eine Etage in der Triftstraße 107. 1929 kann Wilhelm Leisner für die Familie ein eigenes Haus erwerben. Für die Beziehung Karl Leisners zur Heimat und den Aufbau eines gesunden Bindungsorganismus wurden die "Flandrische Straße 11" in der alten Herzogstadt Kleve wichtig. Die selbstverständliche Religiosität seiner Familie, unterstützt durch die strenge Entschiedenheit des Vaters und die ausgleichende Milde der Mutter, färbten auf Karl ab. In der Familie lernte er den Glauben zu leben, der für ihn immer mit viel Frohsinn verbunden war. In Kleve, wo er von 1921-1925 die Volksschule und ab 1925 das Staatliche Gymnasium besuchte,

> "weitet sich Karls innere Welt und bringt sein Wesen zur Entfaltung. Während seiner ganzen Kindheit und Jugendzeit besteht zwischen diesem sensiblen und strahlenden Jungen und seiner schönen, geheimnisumwitterten Heimatstadt eine tiefe Verbundenheit. Wie junge Wölfe, trunken von der Weite, laufen seine Kameraden und er bei Wind und Wetter durch den Reichswald, einen riesigen und prachtvollen Wald, der die kleine Stadt umschließt."[1]

Erster Einfluß der Jugendbewegung

Die Jugend Karl Leisners fällt in die große Zeit der Jugendbewegung. In den ersten Jahrzehnten des 20. Jahrhunderts entstanden Gemeinschaften von und für Jugendliche, die sich bewußt von der Verbandsstruktur absetzten. Charakteristisch für sie waren die Orientierung an der Natur, die hohe Bedeutung der Gemeinschaft, ein einfacher, aber dennoch klar ausgeprägter Lebensstil, die Verantwortung für die Gruppenarbeit (Jugend führt Jugend) und das eigene Leben (Selbsterziehung) und die Nähe zu theologischen Neuaufbrüchen. Die katholische Jugendbewegung brachte Gemeinschaften wie Quickborn, Neudeutschland und Heliand hervor. Sie umfaßte engagierte Persönlichkeiten wie Romano Guardini, Ludwig Esch und Bernhard Strehler und hatte eine große Nähe zur liturgischen und biblischen Bewegung.

Eine wichtige Weichenstellung in diesem Sinn stellte für Karl die Begegnung mit Dr. Walter Vinnenberg dar. 1926 kam der junge Geistliche als Sport- und Religionslehrer an das Staatliche Gymnasium nach Kleve. Obwohl er nur zwei Jahre dort unterrichtete, hinterließ er einen tiefen Eindruck. Seine Fähigkeit, Begeisterung zu vermitteln und zu wecken, Verantwortung zu übertragen und Eigeninitiative zu fördern, sein Dabeisein und Mitmachen – alle diese Eigenschaften machten Vinnenberg zum Mittelpunkt seiner Schüler.

Karl Leisner mußte gespürt haben, daß der nähere Kontakt mit einem solchen Priester seiner Sehnsucht nach Tiefe gut tun würde. So wandte sich der Zwölfjährige mit einer Reihe von Freunden an Vinnenberg mit der Bitte, ihnen bei der Bildung einer

Gruppe zu helfen. Der 22. Februar 1927 war der Gründungstag dieser zunächst fünf Mitglieder starken Gruppe, die sich bald dem "Jung-Kreuzbund" anschloß. Jede Woche oder alle vierzehn Tage trafen sie sich in einem kleinen Lokal. Karl hatte das Amt des Schriftführers übernommen. Seit dieser Zeit wurde ihm das Tagebuchschreiben zu einem inneren Bedürfnis und zu einer Gewohnheit, die er bis kurz vor seinem Tod beibehielt. Insgesamt 27 Hefte legen von seinem inneren Werdegang Zeugnis ab.

Die "Gruppe St. Werner", wie sie sich nach ihrem zweiten Treffen nannten, unternahm gemeinsame Wanderungen und Fahrradtouren in die Umgebung von Kleve. Miteinander wurde gesungen und gebetet. Aber auch ernsthafte Themen wurden diskutiert. Dr. Vinnenberg, der sich von ihnen bald mit dem Vornamen und mit Du anreden ließ, schlug ihnen einige vor und ließ sie Aufsätze darüber schreiben, um die geistige Unterscheidungsfähigkeit zu stärken. Im Sinne des Quickborn lautete z.B. im März 1928 ein Thema: "Warum ich keinen Alkohol trinke". Die Kreativität der Jugendgruppe, die nach kurzer Zeit bereits ein Dutzend und nach einigen Jahren 150 Mitglieder zählte, machte sich auch darin bemerkbar, daß sie Kasperle-Figuren bastelten und damit von ihnen selbst getextete Theaterstücke aufführten. Mit dem Erlös der Aufführungen konnte die Gruppenkasse aufgefüllt werden.

Nach einem Jahr war das erste Tagebuchheft Karls, das er mit "Chronik von St. Werner in Kleve" überschrieben hatte, voll. Es enthielt fünfzig Berichte von Gruppentreffen. Das zweite Heft, beginnend mit dem 22. Mai 1928, trägt den Titel "Mein Tagebuch". Es enthält zwar nach wie vor ausführliche Berichte über gemeinsame Unternehmungen, aber zunehmend auch Reflexionen über sein Innenleben sowie Kommentare zu wichtigen kirchlichen und gesellschaftlichen Ereignissen. Vor allem spiegelt es die seelische Entwicklung eines aufgeweckten und aufgeschlossenen Jugendlichen wider, der viel wissen möchte, der andere Jugendliche führen kann, der aber auch noch an seiner Charakterbildung arbeiten muß. René Lejeune schreibt über Karl und sein Tagebuch:

> "Im Tagebuch finden sich immer häufiger mehr persönliche Eintragungen, die eine Entdeckung, ein Innehalten, ein flüchtiges Staunen verraten. Karl, der in seinem Wesen Aktion und Kontemplation vereint, enthüllt auf den Seiten dieses einzigartigen und bewegenden Do-

kuments seine erstaunliche Reife ebenso wie eine innere Ruhe, die er nie ganz verliert und die er auch nach einem Einbruch bald wieder gewinnt.

Dieser rasche innere Reifungsprozeß verändert auch seine Schrift. Aus den verschnörkelten, abgezirkelten, manchmal auch ungeschickten Schriftzügen des ersten Jahres wird ab dem Frühjahr 1928 – Karl ist 13 Jahre alt – eine regelmäßige, harmonische Schrift von sehr persönlichem Charakter. Die Veränderung der Schrift offenbart, daß etwas Wesentliches in ihm geschehen ist. Er ist, fast plötzlich, zu einer für sein Alter ungewöhnlichen Reife gelangt, und eine verborgene Dimension seines Wesens ist ihm bewußt geworden: die Wirkmächtigkeit der Gnade Gottes in seinem Leben. Karl hat sich nach reiflicher Überlegung dieser Gnade anvertraut, die den Menschen mit des Menschen Hilfe umformt, um nach und nach ein Abbild Gottes aus ihm zu machen."[2]

Karl war sich seiner Verantwortung für die Gruppe, die er inzwischen übernommen hat, bewußt. Dr. Vinnenberg konnte nur zwei Jahre direkt mit ihnen arbeiten. Dann wurde er nach Münster versetzt, hielt aber nach wie vor den Kontakt mit seinen Klever Schülern aufrecht. Zwei große Reisen unternahmen sie gemeinsam mit ihm: Im August 1929 auf die Insel Rügen und im August 1932 in die Schweiz. Für Karl war die Ausstrahlung, die von der Persönlichkeit Vinnenbergs ausging, ein Anlaß, sich über sein Innenleben klarzuwerden. 1930 schrieb er als Grundregeln seines Lebens ins Tagebuch:

"Einige wesentliche Wahrheiten und Lebensregeln

1. Ordnung

a) Mein Inneres: Keine unwürdigen, ungeordneten, vulgären Gedanken. Tugendhaftigkeit!

b) Im äußeren Verhalten: Immer korrekte Haltung und Kleidung (bei Tisch)! Vornehmheit und Höflichkeit. Weder Heftigkeit, noch Geschwätz! Tugendhaftigkeit!

c) Bei meinen Unternehmungen: Sorgfalt walten lassen mit Büchern! Dem Tagebuch! In den Angelegenheiten der Gruppe! Bei der Aufgabe als Chef! In meinem Zimmer! Überall!

d) Gegenüber anderen: Sei tugendhaft und klar, höflich und edel! Gegenüber Mädchen innere Disziplin und Haltung!

2. Disziplin und Ordnung

Morgens schnell und pünktlich aufstehen! Meide jegliche Nachlässigkeit! Beginne den Tag mit Mut und Frömmigkeit!

3. Frömmigkeit und Liebe überall!

Keine Heuchelei! Keine Prahlerei! Nicht soviel Geschwätzigkeit; mehr Hilfsbereitschaft! Entschlossenheit in allem! Bildung des Charakters! Mäßigung bei Tisch! Alles Christus anvertrauen! Fleißig die Bibel lesen! Mehr Eifer in allem! Noch mehr Eifer! Liebe zu jedem menschlichen Wesen! Zum Teufel mit dem gefräßigen Egoismus, d.h. mit der Sünde! Ruhig überlegen, dann mutig handeln!"[3]

Zwei Jahre später, zu Beginn der Unterprima, lauten seine Vorsätze kurz und prägnant:

"1. Beim Aufstehen das Kreuzzeichen.
2. Morgengebet sprechen und meditieren.

3. Vor der Schule ein kurzes Gebet im Namen Christi.
4. In der Versuchung den Schutzengel und die hl. Jungfrau anrufen.
5. Besonders in Mathe anstrengen. In den Sprachen die gewonnenen Erkenntnisse beibehalten.
6. Oft die heiligen Sakramente empfangen."[4]

Gegen Ende seiner Schulzeit war somit ein deutliches ethisches Bemühen bei Karl festzustellen, seinen Charakter zu bilden.

Ein schwarzer Tag

Karl war politisch sehr interessiert und engagiert. In seinen Tagebüchern spiegelt sich davon einiges wieder. Er klebte Zeitungsausschnitte ein, wie z.B. über die Den Haager Konferenz über die deutschen Reparationszahlungen von 1929. Bei einem Besuch in Berlin zeichnete er den Sitzungssaal des Reichstags. Er setzte sich bewußt auf den Stuhl des ehemaligen Reichskanzlers Josef Wirth und des christlichen Gewerkschaftsführers Adam Stegerwald. Anläßlich der Berufung von Nuntius Eugenio Pacelli nach Rom findet sich die vorausschauende Bemerkung, die aber durchaus das Empfinden vieler engagierter Katholiken Ende der 20er Jahre wiedergab:

> "Eugen Pacelli ist ein großer Freund Deutschlands, vielleicht wird er der nächste Papst?"

Besonders angetan war Karl Leisner von der Gestalt Heinrich Brünings, des letzten Zentrums-Reichskanzlers. Er galt vielen als letztes Bollwerk vor der Diktatur der extremistischen Parteien. Die Sicherung der Demokratie stand auch im Mittelpunkt des Pfingsttreffens der Verantwortlichen der katholischen Jugend in Marienthal bei Wesel. Karl schrieb danach, Pfingsten 1932, in sein Tagebuch:

> "Brüning, das Ideal! – In der Art dieses Mannes kämpfen."

Lange konnte sich Brüning jedoch nicht mehr halten. Nach der Entlassung durch Hindenburg am 30. Mai 1932 steht in Karls Tagebuch:

> "Sturz Brünings! Dies ater Germaniae."

Wie schwarz dieser Tag für Deutschland war, wurde Karl in den folgenden Monaten, besonders nach der "Machtergreifung" der Nationalsozialisten, immer deutlicher.

Er ließ sich nicht von der Propaganda täuschen und schrieb zum Reichstagsbrand:

> "Die Nazis haben das Feuer an den Reichstag gelegt." (2.3.1933)

Und anläßlich der letzten Reichstagswahlen, drei Tage später:

> "Was wird dann kommen? Werden die Wahrheit oder die Lüge den Sieg davontragen, das Geschrei oder das demütige Handeln, Hitler oder Brüning? O Gott, schenke uns den Sieg. Wenn wir das nicht erreichen, bleibt unser Geist trotzdem fest, indem wir das Ergebnis annehmen. Wir beten weiter. Herr, dein Wille geschehe." (5.3.1933)

Daß es bei aller ideologischen Auseinandersetzung auch um eine neue Entscheidung für das Christentum ging, kommt in einem Eintrag nach dem Hören einer Fastenpredigt zum Ausdruck:

> "Johannes! Nicht sentimental, sondern mutig unter dem Kreuz, fest, felsig! – (Boanerges – Donnersohn). So auch wir Christen mutig im Glauben und – wie er – stark in der Liebe. Nos autem credidimus caritati (Wir aber haben der Liebe geglaubt) – kein Stacheldrahtchri-

stentum, sondern frohes Mittunchristentum!" (31.3.1933)

Erste Begegnung mit Schönstatt

Doch zum kirchenfeindlichen Nationalsozialismus, der zum Schicksal seines weiteren Lebens werden sollte, kam im Frühjahr 1933 eine weitere Begegnung hinzu. Josef Vermeegen aus Goch, der die Oberprima in Kleve besuchte, lud den Unterprimaner Karl Leisner in der Karwoche 1933 zu Einkehrtagen nach Schönstatt ein. "Ein Vorbild der Heiligkeit für die Jugend heute" lautete das Thema, das P. Alexander Menningen, der Leiter der Gymnasiastenbewegung Schönstatts, behandelte. Karl nahm die Anregungen begierig auf – zwölf Seiten in seinem Tagebuch legen davon Zeugnis ab. Die Tage in Schönstatt waren in doppelter Hinsicht für Karl Leisner wichtig und zukunftsweisend:

Er erhielt einen neuen Impuls für sein inneres Reifen. Zur Förderung seines religiösen Lebens begann er damit, die Prägung des Tagesablaufs durch den Kontakt mit Gott in einer "Geistlichen Tagesordnung" zu kontrollieren. Als Ziel schrieb er in sein Tagebuch:

"Alles, was ich tu', will ich gut, klug, edel und lebendig, glutvoll, ergriffen tun. Fort mit allem Schein, aller Leere; kein Ich-Kult mehr, sondern Gottes – Christus – Maria – Ergriffenheit!"

Die Aufzeichnungen wurden ab da für ihn zu einer unentbehrlichen Hilfe für sein spirituelles Wachstum:

"Das Tagebuch soll ab heute mein Kontrollbuch des Seelenzustandes, der Arbeit in Schule, Gruppe und Familie, meines äußeren Benehmens, ob es klug, fein und recht war, sein. Eigentlich war es das ja schon immer. Aber jetzt soll es eine Tageskontrolle Tag für Tag werden. Jeden Abend will ich meinen schriftlichen Rückblick (Gewissenserforschung) und einen zukunftsweisenden Ausblick tun. Gott, gib du deinen Segen dazu. Gib mir klaren, starken Verstand, ein treues Gedächtnis, einen ungetrübten Wahrheitssinn und eine überlegene Schau, die unerbittlich alles Schlechte erblickt, es richtig einschätzt und die erfolgreichen Abwehrmaßnahmen ergreift: Dazu schicke mir, Herr, Kraft durch deine Gnade." (19.5.1933)

Auch für sein Engagement in der Jugendarbeit waren die Exerzitien in Schönstatt eine wichtige Weichenstellung, so daß er noch mehrmals im Rückblick darauf zu sprechen kam:

> "Ostern 1933, die herrlichen Schönstattexerzitien. Von da ab Wende zum Apostolat in der Jugend." (22.7.1935)

> "Da das Einschneidende, daß wie zufällig Jupp mich mit den Gochern nach Schönstatt... nimmt. Die zwei stillen Tage dort oben im ersten keimenden Frühling auf den nahen Höhen des Westerwaldes und im stillen Gebet im Kapellchen vor dem Gnadenbild der dreimal wunderbaren Mutter oder die abendlichen sakramentalen Andachten mit den Gebeten um Gottes- und Nächstenliebe – mächtig hatte mir das in die Seele gegriffen. Das ganze zurückgetretene, tief schlummernde Priesterliche und Ritterliche in mir – es war tief erregt wach gestoßen und entflammt." (1.7.1938)

Berufsentscheidung

Es war das letzte Schuljahr vor dem Abitur. Karl bekam nun auch in der Schule den Einfluß der Nazis zu spüren. Vor allem sein Deutschlehrer, Dr. Verleger, galt als "Katholikenfresser". Doch Karl war sich innerlich über die Gegensätze klar, ohne daß deswegen seine Liebe zu Deutschland zu leiden brauchte. Und auch wenn die nationalsozialistischen Jugendverbände in ihren äußeren Formen manches von der damaligen sonstigen Jugendbewegung übernommen hatten, war der Unterschied klar. Mit großer Entschiedenheit und Reife konnte Karl seinem Tagebuch anvertrauen:

"In der Karwoche war ich in Schönstatt. Ich habe die Tagung der Gymnasiastenbewegung des apostolischen Bundes mitgemacht und innerhalb der Tagung zweieinhalb Tage Exerzitien. Ich habe dort so viele schöne und gute Vorsätze und Pläne gefaßt. Jetzt heißt es sie in die Tat umsetzen. Jetzt beginnt die ernste Arbeit.

Ich bin jetzt auf Oberprima, habe also das letzte Jahr der Penne zu durchlaufen. Es muß also jetzt zum Endspurt gestartet werden. Ja, es wird allerhand zu knacken und zu beißen geben. Mancher verfluchte Nazilehrer wird mir eine Falle stellen wollen, mich hindern wollen, mein Abitur fein zu bauen. Aber ich bleibe meiner Überzeugung treu. Erst in Sturm und Feuer zeigt's sich, ob die Überzeugung stark wie ein Baum und fest wie Stahl und treu wie Gold ist. Ich bleibe meinem politischen Ideale treu... Aber wie soll ich mich zu Hitler und den Nazis stellen? Soll ich mitlaufen, mitschreien, mitziehen? Nein, das tue ich nicht; es sei denn, daß man mich mit Gewalt oder Staatsgesetz dazu zwingt, aber innerlich folge ich ihnen nicht.

Der Drill, die Schnauzerei, die Lieblosigkeit gegen die Gegner, ihre fanatische, tamtamschlagende Nationalitätsbesessenheit kann ich nicht teilen. Ich bin aber trotzdem Deutscher und liebe mein Vaterland und meine Heimat. Aber ich bin auch und an erster Stelle Katholik." (2.5.1933)

Schon bald mußte sich diese Einstellung bewähren. Am 2. Juli 1933 wurden die Jugendheime der katholischen Verbände geschlossen und beschlagnahmt. Das traf auch die "Mühle", die von den Klever Quickborn-Gruppen restauriert worden war. Am folgenden Tag mußten Karl und vier Freunde beim Schuldirektor eine Erklärung unterschreiben, daß sie sich bereit erklärten, "jede provokatorische und verleumderische Haltung gegen die Regierung und ihre Politik zu unterlassen". Es war der Versuch des Direktors, die Forderung einiger Kollegen nach Entlassung Karl Leisners zu umgehen. Er gelang, so daß Karl am 22. März 1934 das Abitur mit Note "gut" ablegen konnte.

Unterdessen reifte in ihm der Entschluß zum Priestertum. Bei den zweiten Exerzitien des Jahres 1933, die er im November bei den Jesuiten im holländischen s'Heerenberg machte, fiel die Entscheidung:

> "Es waren feine, nachdenkliche Tage. Die Einsamkeit gab mir Kraft und endgültigen Mut, die Bürde des Priesteramtes zu wagen. Tage des Gebetes waren es. Die bösen Versuchungen kamen und wurden siegreich bestanden." (7.11.1933)

Wegen der zahlreichen Anmeldungen zum Theologiestudium sollte Karl zunächst für ein Jahr zurückgestellt werden. Doch kurzfristig kam die Meldung, er könne doch zum Sommersemester 1934 in das Collegium Borromäum eintreten. Einige Tage vorher schrieb er in sein Tagebuch, mit welcher Stimmung und Begeisterung er diese Zeit beginnen wollte:

> "Also – es ist Gottes hl. Wille, daß ich dieses Jahr schon das Studium der Gottesgelehrtheit beginne! Drum auf, mit heiligem Mut, stolzer Kraft, tiefer Demut, ganzer glänzender Reinheit, fe-

stem Glauben, starker Hoffnung und glühender Liebe ans hohe, heilige Werk. Fleißig, sparsam, tüchtig, strebsam ran an die Arbeit! Gott hilft gern! Ihm gilt meine Zukunft, mein Leben, mein Beruf! Herr, Gott, du mein König... du lenkst in wunderbarer Weisheit und Güte die Geschicke aller Menschen.

So hast du mich armen, schwachen, sündigen Menschen durch eine Zeit der Versuchung und der Schwachheit hindurch geführt, um mich jetzt zum heiligsten und höchsten Amt – zum Priestertum – zu berufen... O gib doch, du gütiger Vater, daß ich die Vorbereitungszeit auf diesen hehren Beruf, – dich zu vertreten –, aus deinen unerschöpflichen Lebensquellen in Klarheit und Demut gestalte!

Christus, du bist meine Leidenschaft. Heil!" (1.5.1934)

Diözesanjungscharführer

Das Theologiestudium rief bei Karl Leisner unterschiedliche Reaktionen hervor. Während ihm Kirchengeschichte und Philosophie viel gaben, langweilte er sich in Apologetik. Doch so eifrig und gern Karl studierte, es blieb nicht seine einzige Beschäftigung. Seit März 1934 war er verantwortlich für die Jugendgruppen des ganzen Kreises Kleve. Und kurz nach seinem Eintritt in das Theologenkonvikt ernannte ihn Bischof Clemens August Graf von Galen zum Diözesanleiter der katholischen Jugend. Der Bischof war überzeugt von der Fähigkeit Karls, die Jugendlichen zu begeistern und ihnen Führung zu bieten. Karl reflektierte dazu im Tagebuch:

> "Es ist eine feine, demütige Kunst der Behandlung junger (oder auch alter) Menschen zu einem vorschwebenden Ideal. – Auch ich möchte so gern einst ein Menschenkünstler, -bildner werden. Ja, es braucht dazu viel Liebe, feines, demütiges Hinhorchen, unendliche Geduld und Gotteskraft." (27.6.1934)

Karl nahm seine Verantwortung für etwa 13000 Kinder zwischen 10 und 14 Jahren, die am Niederrhein, in Westfalen und in Oldenburg – den Regionen der Diözese Münster – der Jungschar angehörten, sehr ernst. Neben seinem Studium besuchte er die Jugendgruppen in der ganzen Diözese, hielt mit ihnen "Heimabende" und stellte auf diese Weise eine in zunehmend schwerer werdenden Zeit notwendige Vernetzung her. Sein Nachfolger als Jungscharführer, Wilhelm Wissing, charakterisierte die damalige Jugendarbeit so:

> "Es war eine Jugendarbeit von der Gemeinschaft her. Das Leben junger Menschen in Natur, Freizeit und Kirche. Am Anfang war das noch möglich. Später wurden die Fahrten unterbunden. Die ganze Fülle inklusive religiöser Gemeinschaftstage stand auf dem Programm, ein Leben in Natur und Gnade."[5]

In den Sommerferien 1934 fanden drei Wochen Zeltlager statt. Als Ort wurde Groesbeck in Holland gewählt, um dem Zugriff der Nazis zu entgehen. Karl gelang es, von den Behörden die Erlaubnis zum Grenzübertritt zu erhalten. Es wurde zu einem der wichtigsten Erlebnisse in der Jugendarbeit Karls. Vom Stil her unterschieden sich die Lager der katholischen Jugend nicht sehr von den Lagern der Hitler-Jugend. Der damit verbundene Inhalt jedoch war Bekenntnis und Widerstand zugleich:

> "Wir fangen ein neues, herrliches Jungenleben an. Deutsche Jungen – Christusjungen...! Wir leben ein Leben der Gotteskinder in der Gnade, voll Reinheit, Edelmut, Treue und Gefolgschaft für Christus, der unser oberster Lagerherzog ist." (14.8.1934)

Karl sah seine Jugendarbeit in bewußtem Gegensatz zur damals herrschenden Ideologie. Er griff jedoch das auf, was ihm für seine Jungen daran wertvoll zu sein schien. Es kam ihm auf eine Verbindung des Glaubens mit Vaterlandsliebe und der Heimat an. Im damaligen Sprachstil brachte er dies zum Ausdruck:

> "Deutsche Jungen soll ich führen! Deshalb weg mit allem Mißmut, hin zum Vaterland! Das Leben zu opfern muß ich bereit sein! Katholische Jugend hinführen zum deutschen Volk ist meine Aufgabe!
>
> Deutsches Volk zu bauen durch heilige, katholische, deutsche Jungen! – In heißer Liebe hänge ich am deutschen Volk, will ich zu deutschem Volk: Alles Böse will ich vergessen, Gutes denken und wirken! Deutsches Volk soll wieder christliches, katholisches Volk werden wie einst in Zeiten der großen Kaiser und Führer, in den größten Zeiten deutschen Reiches, deutschen Volkes und Landes! Darum auf die Wälle mit hochgemutem, freiem Blick, mit freier, offener Stirn! St. Michael sei mir Helfer und Schutz- und Schirmherr, St. Georg ritterliches Vorbild und die hl. Gottesmutter sei mir eine mächtige Fürsprecherin

> und gebrauche mich als ihr und ihres Sohnes Werkzeug zu hl. Sendung in deutsches Volk! Mein Volk – hier meine Hand zu mutiger Verbundenheit! Mein Land – hier mein Herz, das suchend, liebend, hungernd, voll heißer Sehnsucht auf Fahrt und Großfahrt dies und das Volk sucht und immer wieder fand! – Auf, zu katholischer, deutscher Tat! Mit dir, Herr und Gott." (12.9.1934)

Die Verbundenheit mit der Heimat fand bei dem musisch und künstlerisch interessierten Karl Leisner, für den die gemeinsame Hausmusik in der Familie ebenso wichtig geworden war wie seine Gitarre, die er sich später ins KZ Dachau schicken ließ, noch einen anderen Ausdruck. Er sah die Arbeit am eigenen Charakter und die innere Auseinandersetzung um eine gestraffte Ordnung in seinem Leben als eine Aufgabe für andere. Das eigene Leben wurde so zu einem politischen Signal:

> "Karl war ein 'ritterlicher' Mann. Sein Ideal war der berühmte Reiter im Dom zu Bamberg. Dieses Bild findet man mehrere Male in seinem Tagebuch. Prächtig und in der Form vollendet steht dieses Bild eines schönen und heiteren jungen Mannes in seinem ritterlichen Gewand vor dem Blick des Eintre-

tenden. Karl erkannte darin das lebendige Bild eines jungen Deutschen. Stärke und Anmut, Mut und Beherrschung zeichnen die Züge des Reiters. Und Karl fragt sich selbst, ob er nicht dieser Reiter sein wolle."[6]

Noch war es möglich, sich auf überdiözesaner Ebene zu treffen. Der "General" hatte die Fäden noch in der Hand. Ludwig Wolker, Generalpräses der katholischen Jugend Deutschlands, war für Karl ein großes Vorbild. Er erschloß den Jugendlichen die Welt der Bibel und der Eucharistie im Sinne der biblischen und liturgischen Bewegung. Wie so viele andere Jugendliche war auch Karl Leisner begeistert von Wolkers Klarheit und Festigkeit, von der Fähigkeit mitzureißen:

> "Wolker gab uns einen großen, neuen Blick in die Zeit, in unser Jugendreich, für die Wegbereitung Christi hinein in unsere Zeit für unser deutsches Volk. Er packte uns in tiefer Seele, riß uns heraus aus aller Kleinheit und allem Ich-Götzenkult zu den Höhen Gottes. 'Parate viam Domini', 'Bereitet dem Herrn den Weg'." (19./20.10.1935)

Kurze Zeit nach diesem letzten Treffen der Jugendführer bei Wolker wurde dieser verhaftet. Auch das Jugendhaus Düsseldorf wurde geschlossen:

> "Vorm Mittagessen erzählt's mir Jupp K.: 'Das Jugendhaus polizeilich geschlossen!' – wie 'ne – allerdings nicht unerwartet fallende – Bombe trifft mich, trifft uns alle diese Hiobsbotschaft. Voll Tapferkeit und Vertrauen auf unsere christliche Kraft weiter treu ringen und beten für Gottes Sache in der deutschen Jugend." (21.11.1935)

Auch für Karl Leisner wurde es schwerer. Seine Post wurde von der Geheimen Staatspolizei (Gestapo) kontrolliert. Aus dem Studium heraus mußte er 1937 zum Reichsarbeitsdienst (RAD). Nach der Rückkehr erhielt er Besuch von der Gestapo, die einige Tagebücher mitnahm.

Im März 1936 gab Karl Leisner seinen Posten als Diözesanjungscharführer an Wilhelm Wissing ab, um sich intensiver dem Studium und der Vorbereitung auf das Priestertum widmen zu können.

Die Schönstatt-Theologengruppe im Borromäum

Neben dem Engagement in der diözesanen Jugendarbeit vertiefte sich in den ersten Semestern des Studiums die Beziehung Karls zu Schönstatt. Bereits gegen Ende der Schulzeit hatte Karl als Vorsatz "Pflege und Verbreitung von Schönstatts Ideen" gehabt. Im Collegium Borromäum schloß er sich einer Theologengruppe des Apostolischen Bundes von Schönstatt an, der von den 60 Neueingetretenen zwölf angehörten. Anfangs wurden zwei Schönstatt-Gruppen gebildet, später jedoch zusammengelegt. Leiter der Gruppe, der Karl angehörte, war Heinrich Tenhumberg (1915-1979), später Domkapitular, Weihbischof und Bischof von Münster.

Karl nahm am Leben dieser Gruppe regen Anteil. Dazu gehörten unter anderem die religiösen Pflichten: die tägliche Kontrolle der Geistlichen Tagesordnung, der besondere Vorsatz ("Partikularexamen"), der Bericht darüber an den Geistlichen Begleiter ("Rechenschaftsbericht", abgekürzt "RB") und eine monatliche Mitteilung an den Gruppenführer.

In der Münsteraner Magdalenenkirche fanden regelmäßige Gruppengebetsstunden vor dem dort angebrachten Bild der "Dreimal wunderbaren Mutter" statt. Karl spielte dabei zuweilen Harmonium oder Gitarre. Die Teilnahme Leisners am Gruppenleben wurde von Pfarrer Josef Brink 1952 gewürdigt:

> "... wir, die wir Seit an Seit mit ihm gingen, im Studium, in Freizeit und Spiel, in der Jugend- und Gruppenarbeit, in persönlicher privater Begegnung, in den Semestern wie in regelmäßigen Ferientreffen und Kursen in Schönstatt oder von der Schönstattgemeinschaft in Epe, Altenberg, Twistringen bei Bremen und in Südoldenburg, können feststellen, daß Karl Leisner gerade aus seiner Beheimatung in Schönstatt und seiner Geisteswelt die großen Impulse für seinen heroischen Einsatz in der katholischen Jugend fand."

Die Theologengruppe erarbeitete sich ein Ideal, das sie in die Worte faßte: "Sacerdotem oportet offerre". Gemeint war: Der Priester muß das Opfer darbringen. Der Blick der Gruppe ging auf ihre gemeinsame Berufung zum Priestertum. Später, im Blick auf die Verfolgungssituation unter dem Einfluß der Strömung der "Blankovollmacht", der Ganzhingabe des Lebens an Gott, fügten sie noch hinzu: "... et offerri". Der Priester muß auch geopfert werden, um im Sinn des Saatkorns fruchtbar werden zu können.

In den bisherigen Lebensbeschreibungen wurde die Beziehung Karl Leisners zu Schönstatt als kritisch und distanziert beschrieben. Es kann jedoch aus den Dokumenten kein Zweifel bestehen, daß Karl Leisner sich innerlich und äußerlich der Schönstatt-Bewegung zugehörig fühlte. Sein Gruppenführer Heinrich Tenhumberg faßte diese Beziehung 1977 so zusammen:

> "Als ich Ostern 1934 ins Collegium Borromaeum kam, sagte mir Karl Leisner bereits bei einer unserer ersten Begegnungen, daß er mit Schönstatt in Verbindung stehe und gern in einer Gruppe mitarbeiten würde. Er ist seitdem dann auch eines der treuesten Gruppenmitglieder gewesen. ... Er war kein enger Schönstätter. Vielleicht hat es zu viele Schönstätter gegeben, die wenigstens den Eindruck einer gewissen Enge machten. In unserer Gruppe haben wir oft über solche Verengungen diskutiert, aber Karl war in seinem Urteil stets vornehm. Die anderen waren dabei oft viel radikaler. Karl lebte einen durchaus

schönstättischen Universalismus, der am Eigenen festhalten konnte, zugleich aber alles Gute und Edle aufgriff und förderte, wo er nur konnte... So galt Karl bei Außenstehenden gelegentlich als ein 'nicht-typischer' Schönstätter, wobei natürlich zu fragen bleibt, was man sich unter einem 'typischen' Schönstätter vorstellt. Ich bin der Meinung, daß Karl durchaus ein typischer Schönstätter war. Denn es gehört gerade zu der Spiritualität eines Pater Kentenich, einen jeden Menschen so anzunehmen, wie er ist, ihn in seiner gottgewollten Originalität zu bestärken, zu entfalten und zu fördern, so daß Karl auch alle seine Initiativen und Grundorientierungen, die er etwa als junger Quickborner, als Jungscharführer, als Schüler Ludwig Wolkers empfangen hatte, nicht nur durchhalten, sondern durchaus weiterentwickeln konnte... Karl Leisner hat – übrigens in vollem Einklang mit Pater Kentenich – Schönstatt niemals als eine exklusive Bewegung neben anderen verstanden, sondern als ein originelles Werk, das sich komplementär zu anderen begreift, darum mit all diesen Werken auf lange Sicht auch eine apostolische Zusammenarbeit anstrebt, den sog. 'Apostolischen Weltverband', wie er seit 1916 auch in die Gründungskonzeption von Pater Kentenich aufgenommen war."[7]

Ringen um die Berufung

Die beiden Auswärtssemester verbrachte Karl Leisner in Freiburg im Breisgau. Das Studium nahm dabei keinen so großen Stellenwert ein. So nutzte Karl mit zwei Münsteraner Kameraden die Zeit zu einer dreiwöchigen Italienreise um Pfingsten 1936. Bei dieser Gelegenheit kamen sie auch zu einer Privataudienz bei Papst Pius XI., der sie eingehend über die Situation der Jugendarbeit in Deutschland befragte. Für Karl ein Höhepunkt seines Lebens und eine Bestätigung dessen, was er über denselben Papst zwei Jahre vorher in sein Tagebuch geschrieben hatte:

"Wie herrlich ging mir der tiefste Sinn und das große Gut des Papsttums auf, besonders an unserem Pius XI. Welch unermeßliche Gnade ist doch von seinem Wirken ausgegangen: Christkönigsfest! – Friedenreich der Gotteskinder – seine gewaltigen Rundschreiben: – Casti connubii – Quadragesimo anno... Katholische Aktion! Belebung der Missionen! – Eine gewaltige Welle des Katholizismus geht unter Pius XI. durch die Welt. Katholische Lebensfülle allein kann sie retten. Wie mächtig steht doch heute wieder der Katholizismus und das Papsttum darin, ruhig und fest als der ragende Fels, der nicht wankt. Gott, Dank für unsern Papst!" (12.2.1934)

Für Karl bedeutete das Jahr in Freiburg eine große Prüfung seiner Berufung. Im Wintersemester 1936/1937 fand er "Eingang in eine katholische, kinderreiche Familie in Freiburg", wo er "stellvertretend Hauslehrerdienste" übernahm[8]. Karl sagte angesichts seiner finanziellen Engpässe zu. In der Neumattenstraße 18 in Freiburg erlebte Karl Leisner bei der Familie Ruby ein harmonisches Familienleben. Er sah, wie die älteste Tochter, Elisabeth, ihrer Mutter bei der Erziehung der Geschwister half. Und er mußte sich nach einiger Zeit eingestehen, daß er sich verliebt hatte. Ohne ihr davon zu erzählen, reiste er von Freiburg wieder ab, um den Reichsarbeitsdienst zu beginnen. Erst später brachte er es fertig, ihr brieflich mitzuteilen, was er für sie empfand. In seinem Innern jedoch brach ein Ringen zwischen zwei Lebensformen auf.

Die Heimfahrt nach Kleve am 21. März 1937 unterbrach Karl Leisner in Schönstatt:

> "Er sucht das Kapellchen in Schönstatt auf, blickt empor zur MTA[9] und stammelt: 'Ich bin krank vor Liebesleid und innerem Weh... Es ist ein tödliches Ringen. Fast vier Jahre ist's her seit den Exerzitien. Nun knie ich wieder zu Füßen der Mutter.' Er streift allen Erwachsenenstolz ab und wird ein weinendes Kind, das ratlos und hilfesuchend sich der Dreimal Wunderbaren Mutter in die Hände legt. So betet er: 'Wenn ich Priester werden soll, dann laß mich es wissen und erwirke mir die Kraft, mich selbst zu überwinden. Wenn ich ein schlechter Priester werden sollte, dann sorge dafür, daß ich vorher sterbe.'"[10]

Im Rückblick auf das Jahr 1937 hieß das so:

> "Keines war bisher innerlich so bewegt wie dieses. Nie vergeß' ich die Tage von Schönstatt, wo zu Füßen der Gottesmutter der große Kampf um Liebe und Beruf begann. Das war gewaltig. Ich war tief erschüttert." (31.12.1937)

Bis zum Sommer 1938 blieb Karl hin- und hergerissen. Die Berufung zum Priestertum stritt in ihm mit der Berufung zur Ehe. Seine Aufzeichnungen lassen den Kampf nachahnen und sind Zeugnis für die Ehrlichkeit, mit der er sich und seinen Gefühlen gegenüberstand:

> "Io non posso[11]. Mir ist's, als müßt' ich zerspringen vor Sehnsucht!" (16.5.1937)
> "Mir ist so, als wüßt ich selbst nicht mehr, was in mir vorgeht. Ein Tosen und Toben, ein glückhaft wonnig Frühlingsschäumen in Leib und Blut und Geist und Seele. Und doch, ach was ist's schwer, sich für eine Bahn im Leben zu entscheiden. Ist Opfer alles, kann ich auf ein großes wunderbares Geschlecht verzichten? Auf all die Freuden und Kämpfe eines heiligen Bundes mit einem lieben Menschen? ... Und doch strebt alles in mir zur Heiligkeit und restloser Hingabe an den Herrn." (17.5.1937)

> "Schönheit des Familienlebens, des selbst Kinderzeugens und -habens, all das geht mir nahe beim Nachdenken in der Nacht... Aber auch der große Heroismus des Priestertums leuchtet mir auf!" (1.8.1937)

Nach der Entlassung aus dem Reichsarbeitsdienst hielt er sich fünf Tage in Münster auf. Es schien, als wolle er in diesen Tagen die endgültige Entscheidung für das Priestertum treffen. Ein Gespräch mit P.

Ludwig Esch SJ, dem Gründer des Bundes Neu-Deutschland, gab Karl die Kraft, sein Ja zur Priesterberufung zu sagen:

> "Ach, wenn ich an all' die Stunden tiefsten, unaussprechbaren Sehnens denke... Herzblut mußte fließen und wird fließen müssen auch in Zukunft auf dem Weg zu priesterlichem Opferleben." (3.11.1937)

Diese grundsätzliche Einstellung gab Karl die Kraft, wieder an das Studium zu denken. Seine wissenschaftliche Arbeit schrieb er bei Michael Schmaus über das Thema "Vom Sinn und Geheimnis des Wachsens im Leben von Natur und Gnade beim Menschen". Im Hintergrund stand neben der Frage nach seinem eigenen Leben auch die in der Schönstatt-Bewegung zu dieser Zeit des öfteren behandelte Thematik der Beziehung des getauften Menschen zu Gott (Gotteskindschaft) und der inneren Verbundenheit der Christen zu Jesus Christus (Christusgliedschaft) sowie des Verhältnisses von Natur und Gnade. Darauf weist auch die zitierte Literatur hin, die unter anderem die Arbeiten des Pallottiner-Paters Ferdinand Kastner ("Marianische Christusgestaltung der Welt", Paderborn 1936) einschließt.

Im Jahr 1938, über das Karl die Jahresparole der Schönstatt-Bewegung von der "Werktagsheiligkeit" schrieb, setzte sich die Krise zunächst noch fort. Immer wieder brach die Sehnsucht nach Elisabeth in ihm auf:

> "Am Abend während des Studiums faßt mich plötzlich ein wildes, schwermütiges Sehnen. Oh, kann ich ohne Gefahr Priester werden? Dies wilde, tolle, dunkle Herz? – Und doch – es ist so – gerade für diese wilde maßlos elende Zeit will der Herr dich. Non vos me elegistis, sed ego vos, dicit Dominus[12]." (24.1.1938)

> "Ja, es ist so: immer wieder hat sich die liebe Gottesmutter, die gütige, heilige Jungfrau, ihrer Schönstätter als Werkzeuge bedient, um mich zu führen zu meinem einzig wahren Selbst, zum höchsten persönlichen Ideal, das da in meinem Herzen brennt: Priester Jesu Christi, ihres göttlichen Sohnes zu werden. Eigenartig! – Das Büchlein von P. Ferd. Kastner 'Der Werktagsheilige in der Schule des Vorsehungsglaubens', das hat mich tief angesprochen. – Es gibt letzte Klarheit und Fügung und Bescheidung in Gottes Willen, in die göttliche Vorsehung. Ihr will ich mein ban-

gend stürmisch Herz ganz restlos anvertrauen." (11.2.1938)

"O, wenn der Verzicht auf den amor terrenis[13] nicht wäre, vor allem auf das eigene Geschlecht, die eigenen Kinder. Denn das ist doch so wunderbar, quasi Schöpfer sein zu dürfen. Warum haben wir's nicht wie die Unierten...? Der innere Kampf und das Noch-nicht-sterben-Können der Natur lassen keinen Schwung zu intensiver Arbeit aufkommen." (5.4.1938)

Karl entschloß sich, die Frage nach seiner Zukunft mit Elisabeth persönlich zu besprechen. Nachdem er seinem Vater von seinem Ringen erzählt und völlige Freiheit in der Wahl seines Berufes erhalten hatte, fuhr er nach Freiburg und sprach sich mit Elisabeth aus. Vor dem bevorstehenden Eintritt ins Priesterseminar sollte die Entscheidung fallen:

"Aber, in dieser Zeit hab' ich's gespürt: Es ist um Christus und seine Gnade ähnlich wie mit den großen Dingen der Natur und Geschichte. Die lassen sich nicht einfach wegdisputieren oder umgaukeln. Das Göttliche tritt fordernd, befehlend vor uns hin, gebietend. In Natur und Gnade. Und nach den großen Gesetzen dieser beiden göttlichen Reiche baut man sein Leben auf...

Ohne Opfer und letzten selbstlosen Verzicht geht es nicht. – Deshalb spreche ich ihn aus, spreche Ja zu Christi Ruf und Forderung. – Den geliebten Menschen will ich stets seiner Führung und besonderen Gnade und Güte empfehlen. Das sei mir Lebens- und Dankespflicht. Nicht aus Feigheit, irgend etwas anderes nicht zu können, will ich verzichten, sondern weil ich ganz Gottes Ruf gehorsam sein möchte... Ich möchte dein Priester, Künder deiner Frohbotschaft, dein Gesalbter werden, weil ich deinen Ruf zu hören meine. – Wohin du mich stellst, da will ich stehn. Gib mir deinen Rat und deine Kraft dazu!" (6.4.1938)

Am 24. Mai 1938 fragte ihn Regens Franken, ob Karl die Diakonenweihe empfangen wolle. Am 25. Mai, am Ende einer Novene für Elisabeth und seine Berufung, schrieb Karl den entscheidenden Brief:

"Münster, 25.5.38

Ave Elisabeth!
Es war entsetzlich schwer.
Glaube und Vernunft, Kopf und Herz hätte ich dabei verloren, wenn mir nicht

die himmlische Mutter geholfen hätte. Eine furchtbare Mattigkeit und ein noch schlimmerer Zweifel am Sinn meines Lebens überfielen mein so selbstsicheres stolzes Herz. – Ich glaube, dein Gebet gespürt zu haben. Nie hab' ich so für dich gebetet wie in den vergangenen Wochen. Dein Schweigen hat mir wohlgetan. Ich danke dir für deine Güte und schwesterliche Liebe, die du mir seit den Tagen unserer Begegnung schenktest. Dir danke ich viel, und Christus ist mir in dir begegnet, wie er mir noch nie entgegentrat. Introibo ad altare Dei ad Deum qui laetificat iuventutem nostram (Zum Altare Gottes trete ich, zu Gott, der uns in unserer Jugend erfreue). Kannst du mir verzeihen? Halte dich für frei von mir!

Karl"

Am 20. Juni 1938 begannen die Exerzitien zur Vorbereitung auf die niederen Weihen. Karl empfing die Weihen zum Ostiarier und Lektor am 1. Juli 1938. Die Zeit im Priesterseminar brachte eine Vertiefung seiner Entscheidung zum Priestertum. Zur Vorbereitung auf die Subdiakonatsweihe unternahm Karl eine Fußwallfahrt nach Telgte. Diesen Wallfahrtsort in der Nähe von Münster hatte er, wie das niederrheinische Kevelaer, schon öfter aufgesucht.

Innerlich ruhig und entschieden wurde Karl Leisner am 4. März 1939 zum Subdiakon und am 25. März 1939 zum Diakon geweiht. Seine Stimmung an diesem Tag kam in einem Brief zum Ausdruck, den er an Josef Vermeegen schrieb, der einen Tag darauf zum Priester geweiht wurde:

"Münster,
an Mariä Verkündigung 1939.

Mein lieber Jupp, Bruder und Priester in Christus!

Meinen herzlichen brüderlichen Glück- und Heilswunsch Dir zu Deinem Weihe- und Freudentage! – Im Gedenken an so viele frohe und ernste Stunden des Gespräches und des gemeinsamen Lebens (vom Kartenzimmer über die herrliche Gymnasiastentagung in Schönstatt, der ich soviel an Gnade und Berufung verdanke, bis zu unserm letzten Wiedersehn in Olpe) kommt dieser mein Glückwunsch aus dankbarem, innig verbundenem Gemüt.

Heute Morgen bei unserer so schönen Diakonenweihe im Hohen Dom durch die Hand unseres geliebten Bischofs war ich in Gebet und Mitfreude bei Dir. Die Haltung des Fiat, des gläubigen herzlichen Ja der ancilla Domini möchte ich Dir als Gottesgeschenk für diese besonderen Gnadentage wie für Dein ganzes priesterliches Leben wünschen und erbeten. Es geht um die größere Liebe, um das bereitere Ja – und Deutschland wird der Herde Christi nicht verloren gehn, sondern ihr entscheidende Kräfte des Blutes und des Geistes, der Gnade und des Opfers zu schenken haben.

Um ein liebes, kleines, brüderliches Gedenken bei Deinem ersten heiligen Opfer, das Du feierst, bittet Dich von Herzen ein gnadebedürftiger Bruder im Herrn. Meine großen Lebensanliegen lege ich an diesem Tage auf Deine Patene! Zu all den andern. –

Den H.H. Regens um Erlaubnis für das 'Diakonspielen' bei Deiner feierlichen Heimatprimiz zu fragen, war noch keine Gelegenheit. Soweit ich umhörte, ist es nicht Sitte, dafür frei zu geben. So daß Du also wahrscheinlich mit meiner leiblichen Abwesenheit bei Deinem hochzeitlichen Feste rechnen mußt. Rechne also bitte nicht damit! – Versuchen will ich's ja trotzdem. – Ein kleines Zeichen des Dankes und der Mitfreude möchte ich Dir am großen Festtag zu Ostern zukommen lassen. – Im Geiste bin ich bei

Dir, im Geiste des Gekreuzigten und glorreich Auferstandenen.

Es grüßen Dich alle anderen Münsterschen Mitbrüder und Jünger der MTA.
In froher Festesfreude grüßt Dich

Dein Karl."

Sankt Blasien

Die Freude über die Diakonenweihe wurde allerdings sehr schnell getrübt. Karl fühlte sich müde und schlaff. Hustenanfälle plagten ihn. Er ließ sich in der Universitätsklinik Münster untersuchen. Der eindeutige Befund lautete auf Lungentuberkulose in fortgeschrittenem Stadium. Die Krankheit hatte vermutlich während des Arbeitsdienstes begonnen, als Karl in den Sümpfen arbeiten mußte. Seine Vorliebe für Schwimmen in kalten Flüssen und eine allgemeine jugendliche Härte gegenüber seinem Körper hatten ein Übriges getan. Karl sollte sofort sein Studium unterbrechen und sich in ein Sanatorium begeben.

Nach der gerade überstandenen Berufungskrise schlug der Lebensweg Karl Leisners schnell wieder eine neue, unerwartete Richtung ein. Doch er gab sich nicht auf:

> "Ich muß gesund werden. Oder will der Herr mich nicht haben? Habe ich mich geirrt, habe ich mich getäuscht, als ich den Weg zum Priestertum als meinen Weg erkennen durfte? Durfte ich es wagen? Darf ich es hoffen?"[14]

Anfang Juni 1939 begab sich Karl auf die Fahrt nach St. Blasien im Schwarzwald. Ein kurzer Aufenthalt in Kleve bei seiner Familie unterbrach die Reise.

In Koblenz stieg er aus, um noch einmal nach Schönstatt zu gehen. Im dortigen Kapellchen der Dreimal wunderbaren Mutter sollte auch die Entscheidung eines eventuellen Verzichts auf das Priestertum durchgebetet werden. Die Alternative war für ihn klar:

> "Himmlische Mutter, ich lege alles in deine Hände. Wenn du weißt, daß ich ein guter Priester werden kann, dann hilf, daß ich gesund werde und das Ziel erreiche. Wenn du siehst, daß ich ein schlechter Priester werde, dann laß mich vorher sterben."[15]

Im "Fürstabt-Gerbert-Haus" in St. Blasien mußte Karl eine Liegekur durchführen. Es gelang den Ärzten, ihm eine Anlage zur Luftfüllung einzusetzen, so daß sich sein

Zustand etwas besserte. Karl Leisner hatte die Hoffnung noch nicht aufgegeben, während des Advent zum Priester geweiht zu werden, um an Weihnachten seine Primiz feiern zu können. Das teilte er auch Elisabeth Ruby mit.

Doch inzwischen hatte sich die politische Situation dramatisch verändert. 1938 hatte Hitler Österreich und das Sudetenland annektiert. Die europäischen Großmächte sahen tatenlos zu und glaubten sogar, den Frieden gesichert zu haben. Der deutsch-sowjetische Nichtangriffspakt vom 23. August 1939 bedeutete das Startsignal für den Krieg. Seit dem 1. September 1939 wurde in Polen gekämpft. Frankreich und England erklärten Deutschland den Krieg.

Die Diskussionen darüber wurden auch unter den Patienten des Sanatoriums im Schwarzwald geführt. Die meisten standen auf Hitlers Seite. Für Karl war jedoch klar, daß Hitler den Krieg nie gewinnen dürfe, auch wenn dadurch Deutschland eine bittere Niederlage bereitet würde. Er sprach darüber mit zwei Mitpatienten. Der eine, Kaplan Stein aus der Diözese Limburg, war gegen Hitler, wollte jedoch, daß Deutschland den Krieg gewinne. Der andere, Johann Krein aus Saarbrücken, war zwar gläubiger Katholik, jedoch auch fasziniert von der Person Adolf Hitlers.

Am 9. November 1939 wurde im Münchener Bürgerbräukeller ein Attentat auf Hitler verübt. Die Nachricht davon wurde schnell verbreitet, weil Hitler rechtzeitig den Saal verlassen hatte und auf diese Weise unverletzt geblieben war. Johann Krein berichtete Leisner davon:

> "Ich war aufrichtig glücklich, daß Hitler unverletzt blieb. Ich war in dieser geistigen Verfassung, als ich in das Zimmer von Karl Leisner kam. Ich teilte ihm ohne Hintergedanken das Ereignis mit, bemerkte jedoch, daß er darüber schon informiert war. Er sagte mir: 'Schade, daß der Führer nicht dabei war.' Niemals vergaß ich diese Worte. Ich weiß heute, wie sehr er Grund dazu hatte ... aber ich weiß auch, daß seine Worte mich ärgerlich machten."[16]

Krein erzählte die Äußerung Karl Leisners unvorsichtigerweise weiter. Ein fanatischer Nazi informierte sofort den Ortsgruppenleiter. Dieser verständigte den Kreisleiter Kunert. Nach einem Verhör im Sanatorium wurde Karl noch am selben Tag verhaftet und nach Freiburg ins Gefängnis gebracht.

In Freiburg und Sachsenhausen

Für Leisner brachen Wochen der Monotonie, Einsamkeit und Ungewißheit an. Doch die innere Hochstimmung, in der er sich seit seiner Diakonenweihe befand, hielt auch im Gefängnis an. Auf leeren Seiten seines Breviers schrieb er an seinem Tagebuch weiter:

> "Ich bin vollkommen ruhig, ja froh; denn ich bin mir meines reinen Gewissens und sauberer Gesinnung bewußt. Und wenn ich vor Gottes klarem Richterspruch bestehen kann, was können Menschen mir dann schon antun!
>
> Gott,... ich danke Dir für die Tage der schweren Krankheit, und jetzt wiederum für die Tage der Unfreiheit und Gefangenschaft. Alles hat seinen Sinn, Du meinst es überaus gut mit mir. Aus ganzem Herzen bitte ich Dich für alle, die mir nicht gut gesinnt sind, und bitte Dich um Verzeihung für sie. Vor allem aber verzeihe mir armem Sünder alles, was ich je Dir oder einem Menschenbruder zuleide tat. Reinige mich von aller Schwachheit und Sünde."[17]

Einige Lichtblicke fielen in die Monate der Gefängnishaft: Von Elisabeth erreichte ihn ein Zingulum, das sie zu seinem Namenstag am 4. November nach St. Blasien geschickt hatte. Es sollte eigentlich sein Priestergewand bei der Primiz umgürten[18].

Einigen gelang es, Karl im Gefängnis besuchen zu dürfen. Seine Mutter und seine Tante (die Schwester seines Vaters) durften ihn im Januar 1940 für kurze Zeit sehen. Auch die Mutter von Elisabeth und ihr kurz vorher zum Priester geweihter Sohn Bernhard erhielten die Erlaubnis zum Besuch. Sonst blieb lediglich das über das Rohrsystem der Toiletten laufende "Häftlingstelefon".

Bis zum 15. Februar 1940 blieb Karl im Freiburger Gefängnis. Auf Empfehlung der Gestapo-Leitstelle Düsseldorf sollte er danach in ein Konzentrationslager überstellt werden. Vom 15. Februar bis 6. März 1940 war er im Mannheimer Gefängnis. Nach weiteren zehn Tagen erreichte der Gefangenentransport mit Karl Leisner am 16. März das KZ Sachsenhausen in der Nähe Berlins. Das erste Lebenszeichen Karls aus der Sonderwelt der Konzentrationslager an seine Familie, wie die meisten weiteren Briefe aus dem Lager wegen der strengen Postzensur lediglich Äußerlichkeiten enthaltend, lautete:

"Meine Lieben! Gestern bin ich hier gut angekommen. Es geht mir gut. Wenn Ihr schreibt, beachtet bitte genau das obige Rotgedruckte. Außerdem: Nur ungefütterte Umschläge mit genauem Absender und nur mit Tinte schreiben. Von den anderen Verwandten und Bekannten möge keiner schreiben. Schreibt mir kurz das Schönste aus der Heimat. Meine Sachen von Mannheim werdet Ihr ja erhalten haben. Ebenso meine Koffer aus Freiburg und St. Blasien. Grüßt mir bitte alle Verwandten und Bekannten recht herzlich. Besonders Herrn Franken und Herrn Küppers. Mit frohen Ostergrüßen Euer Karl." (17.3.40)

Wegen seiner angeschlagenen Gesundheit brauchte Karl keine schweren Arbeiten zu verrichten, erhielt jedoch auch nur mangelhafte Pflege. Manchmal mußte er im Büro aushelfen, wo er einem anderen Diakon begegnete, dem späteren Stettiner Bischof Majdanski.

Im Dezember 1940 wurden auf Anordnung Heinrich Himmlers, des Reichsleiters SS, die Priester in den Konzentrationslagern in jeweils einer Baracke (Block) zusammengelegt. Die Gestapo sah sich zunehmender Bedrängnis ausgesetzt angesichts der Todesfälle bei Priestern in den

Lagern. Auf diese Weise sollte mitten im Krieg Unruhe unter der katholischen Bevölkerung vermieden werden.

Karl Leisner im KZ Dachau

Am 13. Dezember 1940 verließ Karl Leisner mit einem Gefangenentransport das KZ Sachsenhausen. Einen Tag später erreichten sie das KZ Dachau. Der Häftling Nr. 17520 Sachsenhausen wurde zum Dachau-Häftling Nr. 22356. Block 28, Stube 1 wurde zunächst sein Quartier.

Einen Monat vorher hatte die SS beschlossen, die Geistlichen aus allen Konzentrationslagern nach Dachau zu überstellen. Sie sollten "nur mit leichten Arbeiten" beschäftigt werden. Auf Drängen von Papst Pius XII. wurde ihnen auch eine eigene Lagerkapelle zugestanden, in der die Priester täglich vor dem Morgenappell die Eucharistie besuchen durften, die jeweils ein anderer Häftling feierte. Dachau, das erste und älteste KZ der Nazis, galt als "Musterlager" der SS. Es war ein Lager der "leichteren" Kategorie, also weder ein Vernichtungslager noch ein schweres Arbeitslager. Nichtsdestoweniger hatte auch Dachau seine Tücken. Es gab die gleiche unmenschliche Behandlung durch das Wachpersonal, die gleichen drakonischen Strafen und die gleiche Menschenverachtung wie in den anderen Lagern. Besonders während des Jahres 1942 hatten die Häftlinge unter Hunger zu leiden. Das wurde durch ausbrechende Krankheiten wie Typhus noch verstärkt. Erst als die Gestapo im Oktober 1942 wieder die Erlaubnis zum Empfang von Lebensmittelpaketen gab, besserte sich die Situation. Insgesamt starben im KZ Dachau 29438 Häftlinge. Davon waren 1072 Geistliche aller Konfessionen, unter ihnen 1036 römisch-katholische. 1691 Geistliche überlebten das Lager.

Die Geistlichen lebten in den vom übrigen Lager separierten Blocks 26, 28 und 30. Ein Raum war Kapelle. Es herrschte, wie im ganzen Lager, eine unvorstellbare Enge. Das KZ Dachau war für 5000 Häftlinge gebaut worden. Während des Krieges war mindestens die doppelte Zahl in Dachau inhaftiert. In den letzten Kriegsmonaten stieg die Belegung bis auf 30000 Personen an.

Karl Leisner wurde zunächst zur Arbeit in der Plantage eingeteilt. Aber nur eine Woche mußte er dort Dienst tun. Dann bekam er eine leichtere Aufgabe. Nach Einspruch der Bischöfe wurden nämlich alle Priester aus den gewöhnlichen Arbeitskommandos zurückgezogen. Das Jahr 1941 brachte für die Dachauer Priester einige Privilegien: Eßpakete durften empfangen werden, Bücher konnten ins Lager geschickt werden. Es gelang Karl sogar, seine Gitarre ins Lager kommen zu lassen.

Im regenreichen Frühjahr 1942 brach die Lungenerkrankung Karls wieder durch. Mit kurzen Unterbrechungen mußte er von Anfang März 1942 bis zur Entlassung aus dem KZ im "Revier", der Krankenstation, zubringen.

> "Hier streift Karl die letzten Schlackenspuren, die bei ihm noch zu finden waren, ab. Das Gold ist von nun an rein, lange im Feuer geläutert.
>
> In dem Schlupfwinkel der Qual und der Trostlosigkeit versenkt sich Karl im Gebet und im Flehen in das Herz Jesu. Er empfängt von hier eine unendliche Tröstung, die die anderen nicht haben; aber er will sie teilen. Man bringt ihm regelmäßig heimlich in einer kleinen Blechdose die Kommunion, die wunderbare Wegbegleitung der Kranken und Sterbenden. Hieraus schöpft er Frieden und die Kraft zu einem frohen Gesicht. Sobald er aufstehen kann, geht er von einem Bett zum andern. Jedem gibt er Worte der Ermutigung und des Trostes;

er interessiert sich für ihr früheres Leben und erfüllt ihre Herzen mit einer friedvollen Freude, die so fremd und kostbar ist in einer Welt des Hasses und des totalen Mißtrauens, wo sich jeder angekettet fühlt. Er ist bald als ein Mann des Trostes bekannt. Unter seinem Kopfkissen hat er ständig in einer Dose konsekrierte Hostien versteckt, um die heilige Kommunion seinen Glaubensbrüdern reichen zu können. Er begleitet die Sterbenden auf ihrem letzten Weg. Seine Anwesenheit ist vor allem für die russischen Gefangenen tröstlich, die in großer Zahl umkommen. Er hat schnell die Anfangsgründe ihrer Sprache gelernt. Mehr ein Hörender, spricht er von der Agonie Jesu und von der Frohen Botschaft Gottes, der uns liebt und uns erwartet."[19]

Die Jahre, die Karl im Revier verbringen mußte, isolierten ihn weitgehend vom übrigen Lager. Durch die regelmäßigen Briefe nach Hause nahm er Anteil am dortigen Geschehen. Hin und wieder ließ die Gestapo sogar Kriegsnachrichten unzensiert durchgehen. Versuche von seiten seiner Eltern, ihn für einen Sanatoriumsaufenthalt aus dem Lager freizubekommen oder ihm die Möglichkeit zu verschaffen, wie seine Mitstudenten als Sanitätssoldat

Dienst zu tun, schlugen fehl. Einzelne Freunde kümmerten sich immer wieder um Karl. Unter ihnen war der Jesuitenpater Otto Pies, der nach dem Krieg sein erster Biograph werden sollte.

Mitglied der Schönstatt-Priestergruppe

Im Sommer 1941 begannen die Schönstatt-Priester im KZ Dachau, sich zu einer Gruppe zusammenzuschließen. Unter Leitung von P. Josef Fischer trafen sie sich regelmäßig und versuchten, aus der Spiritualität der Schönstatt-Bewegung ihre Situation im Lager zu meistern. Auch Karl Leisner schloß sich dieser Gruppe an. Die Führung wechselte im November 1941 von P. Fischer zu P. Albert Eise. Die Hungersnot im Lager beendete diese Phase im Frühsommer 1942.

Pfingsten 1943 wurde die Gruppenarbeit wieder aufgenommen. P. Josef Fischer, P. Eduard Allebrod und Kaplan Heinz Dresbach wurden Gruppenführer. Zur Gruppe Dresbachs (Erzdiözese Köln) gehörten Hermann Dümig (Diözese Würzburg), Robert Pruszkowski (Diözese Ermland), Hermann Richarz (Erzdiözese Köln), Hans Rindermann (Diözese Aachen) und Karl Leisner. Einmal pro Woche fand ein Treffen auf der

Gasse vor dem Priesterblock oder auf der Lagerstraße statt. Mit Karl Leisner, der zu dieser Zeit bereits im Krankenrevier lag, wurde der Kontakt vor allem brieflich aufrechterhalten. P. Otto Pies leistete dabei gute Mittlerdienste. Hin und wieder wagte auch jemand aus der Gruppe trotz strengen Verbots einen Besuch bei Karl.

Da einige Gruppenmitglieder vor ihrer Inhaftierung noch kaum Kontakt zu Schönstatt gehabt hatten, diente die erste Zeit einer Einführung in die Spiritualität anhand des Buches von Anton Engel "Auf Tabors Höhen". "Es handelte sich dabei nie (nur) um ein theoretisches Besprechen, sondern wir bemühten uns auch meist, diese Gedanken auf die konkrete Lagersituation anzuwenden und sie für deren Meisterung auszuwerten", berichtete Heinz Dresbach. Am Fest Mariä Himmelfahrt (15. August 1943) begann die Gruppe eine Zeit der Einführung in die Schönstatt-Bewegung, ein "Noviziat", wie sie es nannten, in das sie von P. Kentenich selbst aufgenommen wurden. Die Aufnahmeweihe der Gruppe fand am 12. September 1943 statt:

> "Am 12.09. legte die Gruppe ihre gemeinsame Noviziatsweihe ab, und zwar in der Kapelle vor dem Marienaltar, wo wir laut beteten und dann jeder still für

sich die eigentliche Weihe sprach. Jedesmal, wenn ein einzelner oder eine ganze Gruppe in Dachau eine Weihe machte, sammelten sich möglichst alle Schönstätter in der Kapelle ... Gleichzeitig nahm Herrn Pater [Kentenich] in stillem Gebet die Weihe offiziell entgegen." (Heinz Dresbach)

In der Fastenzeit 1944 erstellte die Gruppe ein Arbeitsprogramm mit einem eigenen Thema für jede Woche. Es sollte eine Bußwoche, eine Gnadenwoche, eine Kampfwoche, eine eucharistische Woche, eine Glaubenswoche und eine Leidenswoche gehalten werden. Karl wurde darüber informiert und vollzog die geistlichen Impulse mit, wie ein Brief an Hermann Dümig und Hermann Richarz bezeugt:

"Liebe Hermännschen! Für Eure lb. beiden Briefe dank ich Euch sehr. Haben mir Seel und Gebein erfrischt mit ihrem guten geistigen Gehalt und ihrem Humor. Habe mir die beste Mühe gegeben, die Bußwoche mitzuerleben. Bekam von oben noch eine Portion 'Nachschlag' durch eine gemeine Denunzierung eines 'Kameraden', dem ich etwas besorgt hatte. War aber weiter nicht wild, nur etwas ärgerlich und deshalb heilsam.

In Euer tägliches Gebet der Gnade empfehle ich mich sehr; denn mit dem Gesundwerden will's nicht recht vorwärts gehen. Es ist eine unerhörte Nerven- und Geduldsprobe.
An Heinz bitte zum 1.3.: R.B. in Ordnung.

Frohen Sonntagsgruß Euer Karl.

NB. Entschuldigt, ich schreibe so kurz, weil ich müde bin."[20]

Im Laufe der Fastenzeit 1944 begann die Gruppe mit der Suche nach ihrem Gruppenideal. Der Vorschlag stammte von Robert Pruszkowski. Die Formulierung "Victor in vinculis" wurde jedoch vermutlich erst im September gefunden. Auf Anregung der Gruppe schrieb P. Kentenich bis zum 15. August 1944 das sog. "Schönstatt-Offizium", eine an biblischen Orten und heilsgeschichtlichen Ereignissen, am Lauf der Sonne und geistlichen Lebensvollzügen orientierte, in Versform geschriebene Hilfe zum Mitvollzug des kirchlichen Stundengebets. Am Ende vierwöchiger Gruppenexerzitien wechselte die Leitung der Gruppe. Heinz Dresbach übernahm den neu gegründeten Führungskreis ("Herz-Kreis"), Hermann Richarz wurde sein Nachfolger.

Am 8. Dezember 1944 war die feierliche Gruppenweihe an die Dreimal wunderbare Mutter von Schönstatt. Vermutlich auf diesen Tag hin schenkte P. Kentenich der Gruppe eine Erklärung ihres Gruppenideals und ihres Gruppensymbols (vgl. den Text auf S. 93-103). Im Lauf der folgenden Monate, gegen Ende des Lageraufenthals, entstand noch eine Medaille. Auch für Karl Leisner wurde eine angefertigt.

Priesterweihe und Primiz

Am 6. September 1944 kam mit einem Gefangenentransport aus dem elsässischen Lager Natzweiler der Bischof von Clermont-Ferrand, Gabriel Piguet, in Dachau an. Schnell war die Idee geboren, ob Karl Leisner nicht doch noch zum Priester geweiht werden könnte. Der Bischof erklärte sich einverstanden, wenn sowohl die Weiheerlaubnis des Bischofs von Münster wie des von München eingeholt werden könnten.

Otto Pies nahm die Vorbereitungen in die Hand. Zur Lagerplantage gehörte ein öffentlich zugänglicher Blumenladen. Einmal in der Woche kam Josefa Imma Mack, eine junge Frau, die bei den "Armen Schulschwestern" in Freising eintreten wollte, in den Laden, um dort Blumen zu kaufen. In

Wirklichkeit war sie eine wichtige Mittlerin zur Außenwelt: Sie brachte Hostien und Meßwein ins Lager. Über sie lief die Bitte an den Bischof von Münster, Karl zum Priester weihen zu dürfen. Er selbst teilte Clemens August von Galen mit, was ihn seit Jahren bewegte:

> "Heute möchte ich, nach Rück- und Fürsprache der lieben Confratres, Ihnen und dem H.H. Regens, dem ich für seine festen Worte ebenso danke, eine große Bitte vorlegen. Es sind jetzt 5 1/2 Jahre, dass ich Diakon wurde. Mein Sehnen und Beten geht nach dem Priestertum. Es ist, nachdem der Krieg unserer Heimat sein drohendes Antlitz zuwendet, nicht gewiss, ob und wann ich die Weihe erhalten kann aus Ihren Händen, wie ich es am liebsten hätte. Es besteht zur Zeit die Möglichkeit, mich hier ausweihen zu lassen. Dazu hätte ich gern Ihre Erlaubnis bzw. Ihr Nein. Geben Sie mir bitte über meinen Bruder schriftlich Ihren Bescheid.
> In treuer Sohnesliebe Ihr Karl L."[21]

Der Brief erreichte den Bischof von Münster erst über Umwege. Anfang Dezember 1944 schließlich kam in einem offiziellen Brief der Angehörigen die handschriftliche Erlaubnis des Bischofs:

"Mein lieber Herr Karl Leisner! Auf die Anfrage vom 23. September, die ich heute erst erhielt, erwidere ich Ihnen, daß ich gern meine Zustimmung gebe, daß die heilige Handlung dort vollzogen wird. Voraussetzung ist, daß alles sicher gültig und für später nachweisbar geschieht. Gott gebe seinen Segen dazu! Mit den besten Grüßen an alle lieben Mitbrüdern und Segen, den 29. Oktober 1944 + Clemens August"[22]

Die Erlaubnis Kardinal Faulhabers traf ebenfalls ein. Die heiligen Öle konnten ins Lager geschafft werden. Ein russischer Häftling fertigte einen Bischofsring an, ein deutscher Benediktiner einen Bischofsstab mit dem Namen der Dachauer Schönstattgruppe "Victor in vinculis". Ein Trierer Priester schneiderte ein violettes Meßgewand und eine Mitra. Am 3. Adventssonntag, dem 17. Dezember 1944, konnte – ein einmaliges Ereignis in der Geschichte der deutschen Konzentrationslager – die Priesterweihe von Karl Leisner in der Dachauer Lagerkapelle stattfinden. Ein Augenzeuge, der Münsteraner Religionslehrer Reinhold Friedrichs, berichtete darüber:

"Es war der Sonntag Gaudete im Advent 1944... Zur Priesterweihe erschien der Häftlingsbischof in einem Chormantel, die Mitra auf dem geweihten Haupte. Ich war inzwischen Blockältester geworden und durfte Archidiakon sein. Nie habe ich mein Jawort so gern und freudig, nie auch so ergriffen gegeben wie in dieser heiligen Stunde, nachdem der Diakon 6 Jahre lang Exerzitien des Duldens im KZ gemacht hatte. Wahrlich ein hartes Priesterseminar! Weil der Patient es körperlich nicht ertragen konnte, daß alle Priester des Blokkes bei der feierlichen Handlung zugegen waren, wurden nur die ältesten Priesterkameraden und die 30 Theologiestudenten zur Priesterweihe geladen; die Letzteren sollten in ihrem künftigen Priesterleben und bei allem Priesterwirken daran denken, wie unser Karl im KZ gelitten, gebetet, geopfert und gesühnt hat, aber auch von Gott die große Gnade erhielt, in seiner Verbannung durch das Sacerdotium gekrönt zu werden...

Die Priesterweihe selbst bot ein erschütterndes Bild. Der Priesterkandidat bleich, abgezehrt, zitternd, in seiner Zebra-Uniform am Altare. Der Bischof in Pontifikalgewändern, unter denen die Sträflingshosen hervorschauten, wie der Kandidat alle Anwesenden in Häftlingskleidern. Karl Leisner sitzt auf einem Holzschemel. Ganz nahe stehen die 30 Priester der Diözese Münster, die damals noch lebten. Einzeln legen sie ihm nach dem Bischof schweigend in ihrem Zuchthäusleraufzug die Hände auf. Alle anderen Priesterhäftlinge strekken gemeinsam die Arme aus. Ganz still war es in unserer 'Kapelle'. Die Herzen zitterten: 'Veni sancte spiritus...' Hier erfaßten wir ganz, daß die Priesterweihe eine Bluttaufe ist für die Ewigkeit. Nun wurden die Hände, die gebunden waren, mit heiligem Öl gesalbt, damit sie die segnen, die sie in Ketten gelegt haben, daß sie für diejenigen sich zum Gebet erheben, die sie verfluchten...

Was wir hier mit ehrfürchtigem Schauer erlebten, ist nicht in Worte zu fassen. Innig lagen sich am Schluß Neupriester und Blockältester in den Armen. Ich gab dem Neugeweihten, dessen Antlitz von Ergriffenheit und Freude überstrahlt war, den Friedenskuß und konnte es nicht unterlassen, zu sagen: 'Karl, es geschehen noch Zeichen und Wunder!'

Auf der Stube 3 unseres Blockes, auf der er früher beheimatet war, gab es zum Abschluß ein kleines Frühstück.

> Die [evangelischen] Mitbrüder hatten hierzu Gaben aus Paketen gestiftet und bedienten nun Bischof und Neugeweihten. Es war eine wirkliche Agape, ein heiliges Liebesmahl.
>
> Ein Karmeliterbruder hatte eine prächtige Urkunde geschrieben, unterzeichnet vom Bischof, Spiritual und Blockältesten zum dauernden Zeugnis und Gedächtnis an diese feierliche Handlung."[23]

Ein Glückwunschbuch enthielt die Namen von 213 Priesterhäftlingen, mit denen Karl besonders verbunden war. Darin finden sich u.a. die Unterschriften der späteren Bischöfe Majdanski (Stettin) und Kardinal Beran (Prag), aber auch P. Joseph Kentenichs, wieder, wie auch Abbildungen der für Karls Lebenslauf wichtigen Orte: Kevelaer, Münster und Schönstatt. Drei verschiedene Primizbilder drückten das noch einmal auf andere Art aus: Auf dem einen waren sein Namenspatron, Karl Borromäus, sowie der Diakon und erste Märtyrer Stephanus abgebildet. Das zweite aus der Hand von Bruder R. Tijhuis O.C. war mit dem Leitwort der Münsteraner Schönstattgruppe "Sacerdotem oportet offerre" gestaltet. Ein drittes Bild, von dem sieben Exemplare angefertigt wurden, war mit dem entsprechenden Gruppensymbol geschmückt. Es war für die Mitglieder der Gruppe "Victor in vinculis" bestimmt und war von Karl eigenhändig geschrieben.

Für Karl jedoch war die Feier zu anstrengend gewesen. Er mußte sofort danach wieder ins Revier zurück. Er brauchte die zehn Tage bis zur vorgesehenen Primizfeier, um wieder einigermaßen zu Kräften zu kommen. P. Otto Pies, der treue Freund aus dem Revier und Primizprediger dieses Tages, berichtete darüber:

> "Am 26. Dezember 1944 war die Kapelle des Priesterblocks bis auf den letzten Platz gefüllt von den Bewohnern der drei Priesterbaracken und vielen Laienkameraden, die zu dieser Feier eingeladen waren. Der Gesang der lieben, innigen Weihnachtslieder begleitete die Opferfeier, in der der neugeweihte Priester Gott am Altar, Jesus Christus, das Opfer, darbrachte, und selbst Opferlamm mit seinem Herrn wurde. Aufrecht, gesammelt und andächtig, mit auffallender Sicherheit vollzog er am Altar die heilige Handlung, ein Schauspiel für Engel und Menschen, wie es etwa ähnlich nur in den Katakomben der verfolgten Kirche der Frühzeit gewesen war.

Die Primizpredigt ging aus von dem Wort des hl. Stephanus (Apg 7,56): 'Ich sehe den Himmel offen und den Menschensohn zur Rechten Gottes stehen.' Mit gläubigem Angesicht hatte Karl all die Jahre seiner Vorbereitung immer wieder emporgeblickt. An den ewigen Dingen hatte er sich aufgerichtet. Im Glauben an die ewige Wahrheit Gottes, an die ewige Liebe unseres Herrn, für den Glauben an das Himmelreich auf Erden, die heilige Kirche, hatte er gekämpft und geblutet. Auch in aller Not und düsterer Verlassenheit hatte er vermocht, den Himmel offen zu sehen, und der Menschensohn war zu ihm gekommen. Er hatte ihn beschützt und geführt. Er hatte ihm die große Stunde geschenkt, die Stunde der intimsten Begegnung und innigsten Vereinigung mit seinem Gott und Heiland. Ein Mann wie Stephanus, voll des Glaubens, hatte Karl vor allem in den Leidensjahren die Treue zu Christus zu seinem Leitmotiv gemacht. Der starke Glaubensgeist und das heilige Feuer des hl. Stephanus hatten ihn beseelt, als er fast sechs Jahre lang im KZ das herrliche, neue Leben in Christus zu verwirklichen und anderen zu zeigen und zu schenken versuchte. Wie der Erzmärtyrer wollte auch der Neupriester Karl sein junges, starkes Leben für Christus zum Opfer geben. Der Menschensohn zur Rechten des Vaters wollte diesem hochherzigen Jünger die treue, heiße Leidenschaft der Liebe mit Seiner göttlichen ewigen Liebe vergelten.

Jetzt wird wahr, was Karl früher ersehnt hat.

Wie ein Zeichen vom Himmel, wie die Antwort auf das Anerbieten als Opfergabe, begannen plötzlich nach der heiligen Wandlung die Sirenen zu heulen, als wollten sie den Neupriester und seine Freunde an die rauhe Wirklichkeit mahnen. München erlebte einen seiner schwersten Luftangriffe. Zwei Welten hart nebeneinander. Hier glücklich, frohe, dankbare Menschen in der armen, aber doch durch die Gnade Gottes so reichen Kapelle des Konzentrationslagers – dort das KZ, die heulenden Sirenen, verängstigte, verstörte Menschen, Todesgrauen, brennende Städte, rauchende Trümmer.

Nachdem auch diese Feier unter unbeschreiblicher Freude des Primizianten und der Anwesenden vorüber war, wollte man noch durch eine schöne Überraschung die Feier beschließen. Die Kameraden von Stube 3 des Priesterblocks[24] hatten eine herrliche, für das KZ überraschend schöne Festtafel vorbereitet. Überall in Magazinen und Lagern hatten sie geliehen und erbettelt, was man brauchte. Auf weißgedeckten Tischen stand sauberes Porzellan, Bohnenkaffee und Kuchen bereit. Der Tisch mit Blumen geschmückt, die Plätze mit Tischkarten und grünen Zweigen versehen, warteten einladend auf den Primizianten und sein Gefolge. Der Bischof, die Assistenten, die Ministranten, die Vorgesetzten und Freunde saßen noch eine kleine Stunde beisammen in einer herzlichen, innigen, freudig bewegten 'Agape', einem wahren Liebesfreudenmahl. Auf die Glückwunschansprachen antwortete der Primiziant so dankbar, so herzlich und innig, daß alle tiefgerührt sich mit ihm freuen und Gott danken mußten. Obwohl nun doch ermüdet, ließ er es sich nicht nehmen, jede Stube der drei Priesterblöcke zu besuchen und den priesterlichen Kameraden für ihr Gebet und ihre Teilnahme zu danken und ihnen den Primizsegen zu spenden. Es läßt sich nicht beschreiben, mit welcher Herzensfreude der Begnadete die Priesterblöcke verließ, um in die Krankenstube zurückzukehren."[25]

Wie Karl das Ereignis seiner Priesterweihe und Primiz selber deutete und in Zusammenhang mit den Lebensströmungen der Schönstatt-Gruppe brachte, die er innerlich mitvollzog, auch wenn er äußerlich nicht an deren Treffen teilnehmen konnte, geht aus einem Brief an Hermann Richarz vom 22. Januar 1945 hervor:

"Dachau, den 22.1.1945
Lieber Hermann!
Zunächst Dir und Euch in der Gruppe meinen herzlichen Dank für Eure frohe Mitfeier und Teilnahme an den Gnadentagen. So nach und nach verklingen die heiligen Erlebnisse in der Seele. Darum komme ich jetzt erst zur schriftlichen Antwort auf Deinen Primizbrief mit Euer aller feinem Glückwunsch. An Pater Kentenich und Pater Fischer besonderen Dank für die feinen MTA-Horen, die mir große Freude machten. Vor lauter Begeisterung hab' ich, glaub' ich, den Rechenschaftsbericht für Dezember nicht gegeben. Er war in Ordnung: Wie selten gute Zeit der Gnade. Diesen Monat bemühte ich mich um Vertiefung des empfangenen Gottesgeschenkes: Priesterlichen Geist täglich zu wecken, zu üben und zu erneuern. Es ist nicht leicht, nach solch überwältigenden Ereignissen in die alten Geleise zu-

rückzufinden. Durch Euer Gebet und Opfer war's so fruchtbar. – Das Gruppenbild gefällt mir. Es erinnert mich an alle Gefangenenstunden und die große Liebe und Treue der MTA in dieser langen Zeit. So etwas Vorgeschmack vom 'Victor-Sein' durfte ich in den vergangenen Wochen so ganz tief erfahren. Nach der Konsekration in der Primizmesse war's mir, als stände ich vor unserem König als sein Ritter und Sieger. Und der lieben MTA hatte ich vorher mich ganz anempfohlen. Es war mir, als ob sie als Schutzherrin jeden Schritt und jede Handbewegung lenkte und segnete. Ich meine, so glücklich noch nie gewesen zu sein. Und Eurer Liebe danke ich dafür.

Und in der großen Sehnsucht nach dem Victor-Werden wollen wir uns weiter gegenseitig stärken und segnen. Die MTA wird uns auch diese letzte vielleicht schwierigste Etappe gnädig schützen und führen. Mit der Gesundheit geht's seit der Primiz ständig zäh bergauf.

In froher Verbundenheit grüßt Dich und Euch
Dein und Euer Karl."[26]

In den letzten Monaten der Nazi-Herrschaft spiegelte sich auch im KZ Dachau die Agonie des Regimes wider. Typhusfieber war ausgebrochen. Auf Vermittlung P. Kentenichs konnte zumindest für alle Priester Impfstoff geheim ins Lager besorgt werden. Dennoch ging das Fieber bis zur Befreiung des Lagers durch die amerikanischen Truppen weiter. Von der SS war beschlossen worden, lieber das ganze Lager in die Luft zu sprengen, als einen Häftling in die Hände der Amerikaner fallen zu lassen. Doch aus Angst vor einer Verunsicherung der Öffentlichkeit wurde davon Abstand genommen.

Statt dessen wurden ab März 1945 einige Priester entlassen. Unter ihnen waren Bischof Piguet, P. Kentenich und P. Otto Pies. Letzterer versuchte, auch die Freilassung Karls zu erreichen. Es gelang nicht. Mehrere Briefe gingen jedoch hin und her. Der Gesundheitszustand Karls verschlechterte sich gerade im Frühjahr 1945 rapide:

> "Vielleicht schließt sich die Perforation wieder. Viel schlimmer plagt mich seit zehn Tagen die Diarrhöe. In einer Woche 4,5 kg abgenommen; hab' noch 60 kg. Bin sehr abgespannt und schwach...

Ich vermute, daß der immer noch nicht geheilte furchtbare Husten die ganze Darm- und Magenmuskulatur so geschwächt, überhaupt die ganze Nervenkraft (eine Nacht mit Schlaf gibt's noch immer nicht) so mitgenommen hat, daß das die traurige Folgeerscheinung ist... Seelisch bin ich sehr matt, aber geduldig... Bleiben wir bei Ihm, auch wenn's manchmal vesperavit (es dämmert). Er wird uns heilen und erretten. In alter treuer Liebe. Dein Karl." (20.4.1945 an Otto Pies)

"Große Erwartung. Viel gebetet. Bin sehr schlapp. (Durchfall seit drei Wochen – Perforation eitert.) Geduld. Hoff', o du arme Seele, hoff' und sei unverzagt...! Gott wird helfen! M.h.c.[27]" (28.4.1945)

Am 29. April 1945 nahmen die amerikanischen Truppen das Lager Dachau ein. Es herrschte eine unbeschreibliche Freude und Jubel. Wegen des Typhus wurde jedoch sofort eine Quarantäne über das Lager verhängt. Trotzdem gelang es P. Pies am 4. Mai, zusammen mit dem Dachauer Pfarrer Pfanzelt Karl aus dem Lager zu bringen und in das Sanatorium Planegg südwestlich von München zu fahren. Dort fand er zur letzten Reifung. Dort sollte sich auch sein Leben vollenden.

"O, wie wohl ist mir. Wie ist Gott so unendlich gut! Wenn die Not am größten, hilft er. Nur die Ganzhingabe wollte er vorher... Die Pflege der guten Schwestern tut so gut. Die Dachauer düsteren Bilder fallen langsam von der Seele. Ich bin freier Mensch, Alleluja! Wiedergeboren! Wieder zur Menschenwürde gelangt. Blumen auf dem Tisch. Das Kruzifix an der Wand. Die Schwester bringt noch das Kölner Dombild von Stephan Lochner von Unserer Lieben Frau. Alles empfehle ich ihr, meiner geliebtesten heiligen Mutter. M.h.c.! Oft grüße ich sie mit Tränen in den Augen." (5.5.1945) "Den Fronleichnamstag mit Dank an die MTA[28] beschlossen. O gesegneter, glücklicher Mai 1945! Jesus mach mich sanft und demütig von Herzen! Bilde mein Herz nach Deinem Herzen!" (1.6.1945)

Die Kräfte ließen zusehends nach. In dieser Phase weitete sich noch einmal der Horizont Karls. Als Jugendlicher war er auf seinen Fahrten über die Grenzen seiner niederrheinischen Heimat, über Deutschland hinaus gekommen. Gegen Ende seines Lebens wurde bei ihm eine Verantwortung für Europa wach. In einem Bildband vollzog er die Liebe zu Europa nach:

> "Zwischendurch schaue ich herrliche Bilder aus Dr. Cormans[29] Europa-Buch des Atlantis-Verlages, Zürich. Ich bin auf Fahrt und staune und freue mich. Nur eins! Du armes Europa, zurück zu deinem Herrn Jesus Christus! (Dort ist deine Quelle für das Schönste, was du trägst.) Zurück zu den frischen Quellen der göttlichen, wahrhaftigen Kraft! Heiland, laß mich ein wenig instrumentum sein, oh, ich flehe dich an!" (16.6.1945)

Am 20. Juni hatte Karl die tiefe Sehnsucht, das "Schönstatt-Offizium" zu bekommen, das auf Anregung seiner Gruppe von P. Kentenich in Dachau gedichtet worden war. Er hatte es im Durcheinander des Lagers zurücklassen müssen. Am selben Tag erhielt er einen Brief von seinem Gruppenführer Hermann Richarz, und fand es beigelegt.

Am 29. Juni kamen überraschend seine Eltern zu Besuch. Der Vater blieb nur einige Tage, die Mutter jedoch bis zum Schluß. Zwei Tage vor dem Tod, am 10. August, konnte er auch seine Schwestern wiedersehen.

Am 25. Juli konnte Karl im Sanatorium an einer heiligen Messe teilnehmen. Es war seit seiner Primiz wieder die erste Eucharistiefeier. Und es war seine letzte. Der Tagebucheintrag im Anschluß daran waren seine letzten Worte:

> "War nach der Anstrengung sehr müde. Zum Essen zu müde, so daß Mutter mich mittags fütterte mit dem dritten Teil des Breies. Nachmittags von 2 bis 5 Uhr mit Mutter über die liebe zerstörte Heimat und ihre Menschen geplaudert. Zu lang! So, jetzt schlafen; es ist 9.20 Uhr abends. Gut Nacht, ewiger, heiliger Gott, liebe MTA, liebe Heiligen, alle, alle lieben Lebendigen und Toten nah und fern! Segne auch, Höchster, meine Feinde!" (25.7.1945)

Am 12. August 1945 starb Karl Leisner.

Der Seligsprechungsprozeß

Acht Tage nach seinem Tod wurde Karl Leisner unter großer Anteilnahme der Klever Bevölkerung in seiner Heimatstadt beigesetzt. Die Beileidsschreiben an die Familie drückten bereits die Hoffnung aus, daß Karl Leisner für die Kirche ein Märtyrer und Heiliger sei. So schrieb der Münsteraner Bischof Clemens August von Galen:

> "Zum Tode Ihres lieben Sohnes, des hochw. Herrn Karl Leisner, möchte ich Ihnen, Ihrer Frau und Ihren Kindern meine herzliche Teilnahme aussprechen, ---- oder eigentlich meinen Glückwunsch: denn ich glaube sicher, Sie haben dem Himmel einen Heiligen geschenkt! So sagen alle, die mit ihm in Dachau waren, daß seine fromme und frohe Tapferkeit dort in all dem Leid ihnen Erbauung und Trost und Vorbild gewesen ist. Wie gütig hat Gott ihn geführt, so daß er, trotz seines schweren Leidens die lange Haft ausgehalten hat, um schließlich doch noch das ersehnte Ziel des Priestertums zu erreichen! Ich freue mich, daß ich durch Erteilung und Gestattung der hl. Weihen habe beitragen können zu seinem Glück und seiner Glorie."[30]

Ebenso urteilten sein Schönstatt-Gruppenführer Heinrich Tenhumberg, sein früherer Religionslehrer Dr. Walter Vinnenberg und Generalpräses Ludwig Wolker[31]:

> "Für uns, d.h. für die Schönstattgruppe im Kurs – bedeutet der Tod Karls sehr viel. Wir fühlten uns eben mit ihm so

eng verbunden, wie das in einer menschlichen Gemeinschaft nur möglich ist; und wir alle danken ihm vieles, seinem Feuergeist, seiner Hilfsbereitschaft, seinem Vorbild. In seiner Leidenszeit in Dachau war er uns wie ein Symbol der Liebe und Treue zur Dreimal Wunderbaren Mutter, einer Liebe und Treue bis in den Tod." (Vikar Heinrich Tenhumberg, 11.9.1945)

"... aber ich weiß auch, daß Sie den so herben Verlust nicht nur in christlicher Hoffnung tragen, sondern daß Sie nun einen Heiligen im Himmel haben und daß Sie auf Ihren Karl stolz sein dürfen. Alle, die mit ihm das bittere Los geteilt hatten, sprachen mit solcher Achtung und Liebe von ihm, daß es mich gerührt hat." (Dr. Walter Vinnenberg, 26.9.1945)

"Er ist eines der Opfer, von dem wir Segen erwarten für unsere Arbeit..."
(Msgr. Ludwig Wolker, 8.7.1946)

Ein Jahr nach Leisners Tod schrieb Tenhumberg eine kleine Broschüre "Karl Leisner zum Gedächtnis". Die erste große Biographie verfaßte der Dachauer Freund, P. Otto Pies SJ, 1950 unter dem Titel "Stephanus heute". Sie erreichte sechs Auflagen. Auch in der alten Münsteraner Schönstatt-

Priestergruppe Karl Leisners wurden Vorarbeiten zur Verbreitung der Kenntnis über ihn unternommen.

1966 wurden die Gebeine Karl Leisners exhumiert und zusammen mit den sterblichen Überresten zweier anderer Opfer des nationalsozialistischen Regimes (Heinz Bello, Medizinstudent und am 29.6.1944 wegen "Wehrkraftzersetzung" erschossen; Gerhard Storm, Jugendseelsorger und am 20.8.1942 im KZ Dachau gestorben) in der Märtyrerkrypta des Xantener Doms beigesetzt.

Auf Antrag von Pfarrer Josef Perau bemühte sich der Priesterrat der Diözese Münster um die Seligsprechung Karl Leisners. Diese Initiative wurde durch den Propst der Heimatgemeinde Karl Leisners in Kleve, den polnischen Bischof K. Majdanski, den 1975 gegründeten Internationalen Karl-Leisner-Kreis, 45 ehemalige KZ-Häftlinge und die Vollversammlung der Deutschen Bischofskonferenz unterstützt. 1977 stellte Bischof Heinrich Tenhumberg in Rom den Antrag auf Eröffnung des Seligsprechungsprozesses. Johannes Paul II. genehmigte diese Bitte im Jahr 1980.

1981/82 wurden in Münster die Schriften Karl Leisners geprüft und über 80 Zeugen vernommen. Am 12. Oktober 1982 wurden die Akten durch Bischof Majdanski in Rom übergeben. Die Neuordnung der Heiligsprechungsprozesse 1983 veränderte die Zielrichtung des Prozesses: Er wurde von da ab als Märtyrerprozeß geführt. Zu diesem Zweck wurden zwischen 1990 und 1991 noch einmal 27 Zeugen vernommen. Von 1993 bis 1995 wurden die Akten zusammengefaßt und die sog. "Positio", eine detaillierte Darstellung des Lebens und des Martyriums Karl Leisners, verfaßt. Nachdem im Juni 1995 die theologischen Gutachter sich einstimmig dahingehend geäußert hatten, daß Karl Leisner als Märtyrer um seines Glaubens willen zu betrachten sei, wurde dies im Dezember 1995 durch eine Kardinalskommission bestätigt und im Januar 1996 von Papst Johannes Paul II. öffentlich bekanntgemacht. Die für den 23. Juni 1996 zusammen mit dem Berliner Dompropst Bernhard Lichtenberg vorgesehene feierliche Seligsprechung macht deutlich, daß das Beispiel der Märtyrer aus dieser dunklen Periode deutscher und europäischer Geschichte noch lange nicht ausgeschöpft ist.

Karl Leisner für heute

Welche Bedeutung hat ein junger Priester, der vor über 50 Jahren gestorben ist, für heute? Worin liegt seine Aktualität und Sendung?

1. Die Persönlichkeit Karl Leisners wurde tief geprägt durch das katholische Milieu, in dem er aufwuchs. Die von den Eltern übernommene selbstverständliche Religiosität wurde von ihm nie hinterfragt. Aus dem Kinderglauben wuchs er nahtlos in die religiöse Jugendarbeit hinein. Die Atmosphäre des Milieus trug und stützte ihn.

Eine solche relativ krisenfreie religiöse Sozialisation wäre jedoch auch bei Karl nicht möglich gewesen ohne die Unterstützung und das Vorbild von Menschen, denen er begegnete und an denen er die Richtung seines eigenen Lebens ablesen konnte. Es war die lebenslange Freundschaft mit seinem Religionslehrer Vinnenberg, der Respekt vor der patriotischen, zunehmend mutiger werdenden Gestalt seines Bischofs Clemens August von Galen sowie die Verbundenheit mit Generalpräses Wolker und dem Münsteraner Seminarregens Franken, die ihm halfen, seinen eigenen Weg zu finden.

2. Karl Leisner bezog klare Position zu den gesellschaftlichen Fragen seiner Zeit. Dabei gaben seine Urteile durchaus die damals gängigen katholischen Stellungnahmen wieder. Wachen Auges verfolgte Karl die politischen Entwicklungen. Er war sich früher und sensibler als manche Kirchenführer darüber im klaren, daß der Nationalsozialismus eine von einem Christen abzulehnende kirchenfeindliche Ideologie sei. Seine Gegnerschaft zum Hitler-Regime war ohne Bruch. Sein Martyrium in den Konzentrationslagern war die logische Konsequenz daraus.

3. Dabei verlor Karl nie seine Liebe zur Heimat. In "konzentrischen Kreisen" (R. Lejeune) erweiterte sich jedoch sein Horizont. Er erwanderte und erradelte sich die nähere Umgebung seiner Heimatstadt Kleve. Er beobachtete "mit brennender Sorge" (Pius XI.) die politischen Entwicklungen in Deutschland. Karl war aus ganzem Herzen Deutscher. Diese nationale Komponente läßt sich aus seinem Leben nicht verdrängen. Aber er griff schon früh über die Grenzen Deutschlands hinaus. Das Zeltlager in Holland 1934, die Romfahrt 1936 und die Begegnung mit nicht-deutschen Häftlingen im KZ, nicht zuletzt seine Priesterweihe durch einen französischen Bischof, machten ihm deutlich, daß die Zu-

kunft in einem irgendwie gearteten europäischen Miteinander liege. Ein christliches Europa war sein Traum. Darauf nahm Johannes Paul II. Bezug, als er am 8. Oktober 1988 bei seiner Begegnung mit der Jugend in Straßburg Karl Leisner zitierte:

> "Für uns ist Jesus Christus der verborgene Schatz. Er wird vom Glauben entdeckt. Man schließt sich ihm an, angezogen vom Geheimnis seiner Person. Und auch sein Geist, sein Hauch treibt uns an und gibt uns Kraft. Seine Botschaft fordert uns zum Glauben und zum Handeln auf. Dies ist sein Gesetz. Dies sind die Güter, die Werte seines Reiches. Viele Jugendlichen haben von einer solchen Hingabe an Christus Zeugnis abgelegt. Ich denke hierbei an den jungen Franzosen Marcel Callo. Ich denke an den jungen Deutschen Karl Leisner, der, bevor er in das Lager von Dachau geschickt wurde, schrieb: 'Das Geheimnis der Kraft Europas ist Christus.'"[32]

4. Diese politische Verantwortung realisierte Karl Leisner als Jugendführer. Das war die eigentliche Aufgabe seines Lebens: Jugendliche zu Christus zu führen. Sein eigenes Lebensmotto "Christus meine Leidenschaft" übertrug er auf die Jugendli-

chen, denen er Begeisterung für den Glauben zu vermitteln suchte. Karls Jugendarbeit läßt sich dabei nicht segmentieren in einen religiösen und spielerischen Teil. Thematische Auseinandersetzung, Gebet und Teilnahme an der Eucharistie bildeten mit den aus der Jugendbewegung übernommenen Anteilen Spiel, Wanderung, Lagerfeuer- und Zeltlagerromantik eine harmonische Einheit. Das Bindeglied zwischen den unterschiedlichen Aktivitäten wurde durch die Persönlichkeit des Gruppenleiters Karl Leisner hergestellt.

5. Hier kam bei Karl die Zugehörigkeit zur Schönstatt-Bewegung ins Spiel. Mehr und mehr lebte er seit seinen ersten Exerzitien in Schönstatt aus der Spiritualität dieser Bewegung. Sie half ihm, die "Wende zum Apostolat" ganz zu vollziehen. Die Theologengruppe in Münster war ihm Heimat und eine Hilfe, um geistliche Nahrung für sein eigenes Leben zu bekommen. Die Lebensströmung der "Blankovollmacht" und "Inscriptio", der vollen und ungeteilten Hingabe an die Gottesmutter Maria im Liebesbündnis, war notwendige Unterstützung, damit er sein Ja zur Krankheit und zum eventuellen Verzicht auf das Priestertum sagen konnte. Die Lebensformen der Schönstatt-Bewegung gaben ihm in den Jahren des Dahinsiechens den nötigen Halt

und sicherten die religiöse Struktur seines Tageslaufs.

6. Alle diese Voraussetzungen bündelten sich bei Karl in der großen Sehnsucht, Priester zu werden. Diese Sehnsucht war schweren Prüfungen ausgesetzt. Seine Berufungskrise dauerte fast eineinhalb Jahre. In dieser Zeit standen die beiden Wege des unverheirateten Priesters und des Ehemanns und Familienvaters als zwei gleichrangige Möglichkeiten vor seinem Auge. Seine Entscheidung für das zölibatäre Priestertum fiel nicht blind und nebenbei, sondern bewußt und im Wissen darum, daß er dadurch einen großen Verzicht bringen mußte. Das Motto seiner Münsteraner Schönstattgruppe "Sacerdotem oportet offerre" (Der Priester muß das Opfer darbringen), dem später hinzugefügt wurde "... et offerri" (und geopfert werden), war auch in diesem Sinn Teil seines Lebens. Noch deutlicher wurde es, als das Warten auf die Priesterweihe ein Ende hatte. Opfern und geopfert werden fielen fast zusammen. Der Neupriester, der nur einmal die heilige Messe feiern konnte, wurde selbst zu einem Opfer für Gott und dadurch in besonderer Weise Zeuge (Märtyrer) Christi.

Brief an Heinrich Tenhumberg aus dem KZ Dachau, 6. April 1941

"Lieber Heini! Dir und allen lieben, treuen Mibrüdern und Kameraden in Treuen ein frühlingshelles Heil aus Dachau. Gnadenreiches Ostern Dir und allen. Was macht Ihr, wo steht Ihr? Ich denke oft an Euch. Danke Euch für Euer Brudergedenken. Ich spür's jeden Tag. Unsre gute Mutter sorgt für uns alle, für den verlorenen Sohn besonders. Beim Blankoscheck bleibt's[33]. Allen Kursuskameraden frohe Ostergrüße. Bei Gelegenheit auch an unsere geliebten Väter Bischof und Regens. Heini, ich freu' mich drauf. Wird das ein Wiedersehn nach dieser Zeit. An Bernd, Arnd, Alois, Heini, Tonius und Burdewick[34], alle, alle Grüße! Dein und Euer Karl!"

Brief an Heinrich Tenhumberg aus dem KZ Dachau, 29. Juni 1941

"Lieber Heini! Zu Deinem Namensfest Dir Heil und Gnade! Auch Heini 'Ennemann'[35] und den andern im Kurs dasselbe, auch von Willi Meyer[36]. An P. Kastner bitte gelegentlich innige Grüße[37]. P. Fischer geht's prima[38]. Fein! Wie dreimal wunderbar sind doch Ihre Wege. Wo steckt Ihr denn jetzt alle? So einiges konnte Willi ja erzählen. Du bist Sanitäter? An welcher Front? Ich denke täglich an Dich und alle, besonders in der Terz und im Memento. Was machen die Vredener alle, besonders Wilm Wissing[39]? Ihnen allen herzliche Grüße! Von mir kann ich Dir nur das Beste erzählen. Es geht mir I a. Schreib' mir doch bitte mal her. Adresse: K.L., geb. 28.2.15. Gef. Nr. 22356, Block 28/1, Dachau 3 K. Treue Freundesgrüße! Dein Karl."

Brief an Heinrich Tenhumberg aus dem KZ Dachau, 7. Februar 1942

"Lieber Heini! Mit Freuden erhielt ich im Januar Tonius' letzten Gruß[40] und seinen Ausdruck des Mitopfers. Daß er so bald das Ganzopfer des Todes bringen würde, ahnte ich nicht. Unser lieber Tonius hat seine Blankohingabe vollzogen. Die letzten Tage gingen die schönen gemeinsamen Jahre der Studienzeit gar lebendig in mir vorüber: Tonius' liebe Gestalt mitten darin! Im Gebet suchte ich seine Seele zu treffen. Sein Leid wird sich erfüllen. An Alois H., Bernd

L., Heini E. und alle Kameraden meine treuesten Grüße. Auch Franz N'hs.' Tod traf mich. Mit treuen herzlichen Freundesgrüßen Dein und Euer Karl"

Brief an Heinrich Tenhumberg aus dem KZ Dachau, 14. November 1942

"Lieber Heini! Gratuliere zum Gefreiten. Das Jahr geht zur Neige. Bald ist Advent. Am 8.12. stehe ich in starker Einheit mit euch allen, voll freudiger Erwartung an heilige münstersche Stunden. In bereiter Fiat-Haltung wollen wir den Advent begehen. Zu Weihnachten Dir, Arnd, Bernd, Alois, Heini Ennemann, Jupp Brink, Tönne und allen im Kurs treue Brudergrüße, Friede und Freude im Herrn! Ebenso auch für Bernhard Mäkel und Burdewick, für Wilm Wissing, Franz Brocks, die Stroethmanns und alle prächtigen Kerle in Vreden! Dir, lieber Heini, danke ich besonders für Dein stetes, treues Gedenken beim hl. Opfer. Jeden Morgen lege ich mein Herz mit auf Deine Patene. Tonius ist jetzt bald 1 Jahr tot. Am 1./2. 11. war ich mit ihm und all unsern Heiligen und toten Freunden innig verbunden. Jeden Tag schenke ich mit Dir und euch allen und allen hier unserer Mutter. Sie hat mich wunderbar die 3 Jahre hindurch geführt. Ist außer Erich Koenen vom Kurs einer tot oder vermißt? Habt ihr den Tod P. Eises erfahren[41]? Aus frohem, glühendem Herzen! Dein Karl."

Brief an Heinrich Tenhumberg aus dem KZ Dachau, 2. Oktober 1943

"Mein lieber Heini! am 18. sind's 4 Jahre, daß ihr daheim versammelt wart und alles blank machtet[42]. Damals konnte ich nur im Geiste mittun. Inzwischen hat jeder in den 4 langen Jahren sein Kreuz zu tragen gehabt. Tonius ist schon oben. So gern möchte ich Dich und alle von Aug' zu Aug' umfassen. Ich glaube, es ist schön und tief bei euch. Grüß' mir jeden einzelnen Alois, Bernhard, Heini, Arnd, Tönne[43] usw. und auch Bernhard Burdewick sowie Klein-Arkenau. Und was stellen die Vredener an? Sind noch viel gefallen? Manchmal des Abends kommen mir alle vor die Seele. Und ich werde immer froh dabei. Und wie geht's Ferdinand[44]? Treue Grüße. Ich erwarte sehnlichst Feldpost von Dir. Schreibe, wie's Dir vorn geht! Willi Schröers Tod ist mir nahe gegangen. In diesem Monat sind wir besonders verbunden[45]. In Treuen! Dein Karl."

Brief an Heinrich Tenhumberg aus dem KZ Dachau, 30. Dezember 1944

"Dachau, 30. XII. 44

Am Stefanstag von 8 1/2 – 10 h früh habe ich Primiz gefeiert. Zum 1. Mal allein das hl. Opfer am Altar, in unserer Kapelle hier. Ihr wart alle im Geiste mit dabei. Nach über 5 Jahren Betens und Wartens Stunden und Tage seliger Erfüllung. Daß Gott uns auf die Fürsprache unserer Lieben Frau so überaus gnädig und einzigartig erhören würde, – ich kann es noch immer nicht fassen. Seit 14 Tagen kann ich nur noch ergriffen beten: Gott, was bist Du groß und gut. Für uns alle waren es Stunden unbegreiflichen Glückes und hoher, hellster Freude, die uns für viele dunkle Stunden reich entschädigten. – Nach der hl. Wandlung war ich für einige Sekunden tief ergriffen und gerührt, sonst sehr ruhig und konzentriert. Stunden seligster Weihnachtsfreuden und feinster, innigster Stimmung. Dir und allen Kameraden den Segen des Allerhöchsten für das kommende Jahr. Voll Jubel und Dank grüßt Dich und alle: Glückauf 1945! Dein Karl."

Gedicht von P. Joseph Kentenich zum Gruppenideal "Victor in vinculis Mariae" (vermutlich zum 8. Dezember 1944)

A.

1.

Im Lager hinter Stacheldraht gefangen,
wir schauen in die Freiheit voll Verlangen
und suchen unser Lebensideal,
das uns begleiten soll allüberall.

2.

Wir spüren schwer die Fesseln, die wir tragen,
doch sollen als Symbol sie stets uns sagen:
Ein Sklave Jesu und Mariae sein,
ist unsres Lebens schönster Sonnenschein.

3.

Victor in vinculis Mariae werden,
das sei, solang wir weilen hier auf Erden,
uns höchstes Ziel und unser einz'ges Heil,
wir nehmen so an Christi Kreuze teil.

4.

Das Kreuz ist ja das große Siegeszeichen,
dem Luzifer und alle Teufel weichen.
Dreifach der Kampf und dreifach ist der Sieg,
den wir erstreben wollen mutiglich.

5.

Die Umwelt uns den ersten Kampf aufzwinget,
bisweilen sie die ganze Höll' aufbringet
und gierig darauf brennet voller Wut,
zu brechen unsre Kraft und unsern Mut.

6.

Die Umwelt ist für uns das Lagerleben,
das uns zum Falle Anlaß könnte geben.
Oft ist's nur eine winz'ge Kleinigkeit,
die Ursach' ist für großes Herzeleid.

7.

Der Victor stehet über diesen Dingen,
wird tapfer jede Schwierigkeit bezwingen,
des Raumes Fülle und des Lärmes Schwall,
die ew'ge Unruh, manchen Zwischenfall.

8.

Sein Handeln wird geleitet von der Liebe.
Er dämpfet alle seine niedren Triebe,
bemüht sich, gut zu sein zu jedermann
und helfend beizustehen, wo er kann.

9.

Mag oft auch großer Unmut ihn bedrücken,
und will kein frohes, liebes Wort ihm glücken,
nicht ratlos und verzweifelt er dann steht,
er suchet gläubig Hilfe im Gebet.

10.
Die harten Fesseln, die er um sich findet,
macht er zu Liebesbande, die ihn bindet
an seine Mutter, unsre Liebe Frau,
die seine Herzensnot versteht genau.

11.
Wie Kinder auf zu ihrer Mutter schauen,
so überläßt mit innigem Vertrauen
er sich Maria, seiner Königin,
die aller Menschen Schutz und Helferin.

12.
Wer anvertraut Maria seine Sorgen
fühlt unter ihrem Mantel sich geborgen;
wer ihr total und restlos sich verschreibt,
im schwersten Kampfe immer Sieger bleibt.

13.
Nicht anders ist auch draußen unser Leben,
das große Ärgernisse uns wird geben.
Der Victor siegt auch hier in Gottes Gnad,
bei seiner Mutter sucht er guten Rat.

14.
In jeder Lage hebt er seine Hände,
daß ihm Maria ihre Hilfe spende,
er betet unaufhörlich Tag für Tag,
daß Gott sein Bitten doch erhören mag.

Zweiter Teil

15.

Den zweiten Kampf, der Victor führt nach innen,
der Sinnlichkeit, den Trieben zu entrinnen,
die in die Sünde ihn herab woll'n ziehn
und unter Joch des Teufels zwingen ihn.

16.

Oft bietet auf der Satan alle Mächte
damit wir würden seine will'gen Knechte,
er malt die Zukunft uns so goldig schön,
daß wir die Wirklichkeit nicht sollten sehn.

17.

Er lockt mit Phantasie und Sinnenreizen
und mit Versprechungen tut er nicht geizen,
zeigt manchmal rauh sich,
manchmal zärtlich-mild,
um zu vernichten Gottes Ebenbild.

18.

Der Victor ist auch hier auf wachem Posten,
daß nicht der Teufel kommt auf seine Kosten,
er sieht die Schlinge, dämpfet die Gefahr,
die Kraft holt täglich er sich am Altar.

19.

Mit starker Hand bricht er all' Satansketten,
um sich und seine Seel' für Gott zu retten.
Räumt weg aus sich den kleinsten Vorbehalt,
daß in ihm werde Christus selbst Gestalt.

Und wenn ihn treffen Kreuz und bittre Leiden,
und er vom Liebsten, was er hat,
muß scheiden,
macht er sich frei von allem irdschen Gut,
für Christus gibt er gerne Leib und Blut.

21.

An seine Mutter wendet er sich wieder,
vor ihrem Bilde kniet er gläubig nieder,
Maria läßt ihn nie von dannen gehn,
bevor sie hat erhört sein innig Flehn.

22.

Mit ihrer Hilfe wird er nie verzagen,
den schwersten Kampf
stets für sie mutig wagen.
Ein Victor wird er bleiben allezeit,
der Heiland lohnt es ihm in Ewigkeit.

Dritter Teil

23.

Victor in Vinculis Mariae werden,
heißt auch ein Kämpfer sein für Christi Herden,
die führen sollen wir voll Zuversicht
aus Nacht und Not der Zeit zum ew'gen Licht.

24.

Der Teufel mag all seine Kräfte straffen,
wir legen an die starken Gotteswaffen,
"den Eisenpanzer der Gerechtigkeit,
die Lend umgürtet mit der Heilswahrheit.

25.

Das Schwert des Geistes
und den Helm der Gnaden,
des Glaubens Schild, mit Gotteslieb geladen,
zum Kampf für's Evangelium bereit"
(Eph 6,14 ff.)
So werden Sieger wir in jedem Streit.

26.

Mag auch der Teufel wie ein Löwe brüllen,
mag er sich in das Kleid des Lammes hüllen,
wir fürchten seine Macht
und seine Fessel nicht,
uns leuchtet ja der Christussonne Licht.

27.

Mag er auch (ge)brauchen irdische Gewalten,
die Welt nach seinem Geiste zu gestalten.
Wir sind erhaben über seine Wut,
weil in uns wirksam ist des Heilands Blut.

28.

Treu wollen folgen wir dem Heilandsworte,
das Evangelium künden aller Orte
und säen Tag für Tag die Gottessaat,
daß sich das Gottesreich der Menschheit naht.

29.

Die Welt der Hölle Finsternis entreißen
und ihre Sündenketten zu zerreißen,
zu Christus und Maria führen hin,
das ist es, was dem Victor liegt im Sinn.

30.

Auch hier weiß er,
daß ihm wird's nicht gelingen
müßt er alleine mit dem Satan ringen.
Drum kettet er sich an Maria an,
die keine Bitte ihm verwehren kann.

C. Schlußteil

31.

Victor in vinculis wir stolz uns nennen,
als Siegeszeichen nur das Kreuz wir kennen,
dem wir verschrieben sind
mit Herz und Hand,
und das uns führt ins ew'ge Heimatland.

32.

In Fesseln wir Inscriptio-Wege gehen,
besonders wenn wir können nicht verstehen,
was Gottes Weisheit uns bestimmet hat;
wir folgen willig seinem Wort und Rat.

33.

Maria zeigt uns stets die rechten Wege,
geleitet uns auch auf dem schmalsten Stege.
Victor Mariae nennen wir uns ja.
Die Fesseln werden Liebes-Vincula.

34.

Und ist gehemmt einmal das äußere Werken,
so können wir das Gottesreich doch stärken
durch Leidens- und Gebetsapostolat,
dem Gott so viel(e) Gnad
und Heil versprochen hat.

35.

Als Servus Jesu und Mariae leben
und ihnen restlos Blankovollmacht geben
läßt uns erringen einst die Siegeskron',
die uns der Heiland schenkt als ew'gen Lohn.

36.

Victor in vinculis Mariae werden,
sei unser Ziel, solang wir sind auf Erden.
Ein Sklave Jesu und Mariae sein,
sei unsres Lebens schönster Sonnenschein.

Deutung des Symbols der Gruppe "Victor in vinculis Mariae" durch P. Joseph Kentenich (zum 8. Dezember 1944)

1.

Was wir in Worten jetzt vernommen,
symbolisch hat im Bild Gestalt bekommen.
Das Bild wir graben ein in unser Herz,
daß es uns Ansporn werd' in Freud und Schmerz.

2.

An unsern Händen wir die Banden tragen,
in die der böse Feind uns möchte schlagen.
In ihnen gingen elend wir zu Grund,
wenn nicht uns Hilfe käm' zur rechten Stund'.

3.

Zur Mta, daß sie sich zu uns wende,
wir heben darum flehend unsere Hände,
nicht müde, kraftlos, sondern kampfbereit,
hingebend, opfermutig, jederzeit.

4.

Wir wagen nicht den Kampf allein zu führen,
des Herren Beistand unsern Mut muß schüren.
Vertrauensvoll schaun wir zur Mutter auf,
daß sie ergreifen mög des Schwertes Knauf.

5.

Als Instrumente soll sie uns benützen,
die ganze Welt vor Satan zu beschützen,

sie soll das Schwert uns geben in die Hand,
und mit uns kämpfen stets in Stadt und Land.

6.

Wenn Christus und Maria mit uns kämpfen,
dann können wir die
stärksten Feinde dämpfen.
Dreifach der Kampf und
dreifach (auch) der Sieg,
den wir durch sie erringen sicherlich.

7.

Nun brauchen wir nicht
mutlos mehr zu zagen,
ob wir den heißen
Kampf auch könnten wagen,
der dreifach Kampf wird jetzt zu dritt geführt,
im Knauf ist drum das "3x" eingraviert.

8.

Die Fesseln war'n bisher nur Sklavenketten,
nun soll'n sie dienen uns die Welt zu retten.
Maria schlägt sie mit dem Schwert entzwei,
daß wir mit ihr verbänden uns ganz frei.

9.

Im Bilde ist die Kett' noch nicht zerschlagen.
Das sagt: Noch ist der
Kampf nicht ausgetragen.
Noch wüten Satans Mächte in der Welt,
sie abzuwehren stark sind wir bestellt.

10.

Die Hände, die sich heben schlicht nach oben,
dem Heiland und Maria fest geloben:
"Ich möchte gern als willig Instrument
mich geben ganz und stets in eure Händ'."

11.

Hoch über uns schwebt Christi Siegeskrone,
die jedem tapfren Kämpfer wird zum Lohne.
So spricht ja Gott: "Sei bis zum Tod getreu,
und ich die Kron' des Lebens dir verleih."

12.

Mit Jesus und Maria Victor werden,
ist unser Ziel im Lebensweg auf Erden.
In Fesseln hier Inscriptioweg' wir gehn,
daß (siegreich) einst an Gottes Thron wir stehn.

Anmerkungen

1 R. Lejeune, Wie Gold im Feuer, 24.
2 R. Lejeune, Wie Gold im Feuer, 36 f.
3 zit. nach: R. Lejeune, Wie Gold im Feuer, 41 f.
4 zit. nach: R. Lejeune, Wie Gold im Feuer, 56.
5 "Wir waren Freunde". Prälat Wilhelm Wissing über Karl Leisner, in: basis 1/1996, 8.
6 R. Lejeune, Wie Gold im Feuer, 111 f.
7 Bischof Heinrich Tenhumberg, Brief an Pfarrer Josef Perau, 28.2.1977.
8 J. Klein, Karl Leisner, 19.
9 Mater ter admirabilis, Dreimal wunderbare Mutter.
10 J. Klein, Karl Leisner, 19.
11 Ich kann nicht! – Leisner schrieb diese Eintragung in Italienisch, das er sich in den Jahren zuvor im Selbststudium angeeignet hatte.
12 Nicht ihr habt mich erwählt, sondern ich euch, spricht der Herr.
13 Irdische Liebe.
14 O. Pies, Stephanus heute, 73.
15 O. Pies, Stephanus heute, 74.
16 Brief Johann Krein an P. Pies und P. Pereira, 12.6.1946, zit. nach: R. Lejeune, Wie Gold im Feuer, 207.
17 Notiz im Brevier vom 14. November 1939, zit. nach: W. Haas, Christus meine Leideschaft,25.
18 Sowohl Pies (vgl. O. Pies, Stephanus heute, 82) wie Klein (vgl. J. Klein, Karl Leisner, 23) berichten, daß auf dem Zingulum die Worte "Vinctus Christi" (Gefangener Christi) eingestickt gewesen seien. In ihrer Zeugenvernehmung für den Seligsprechungsprozeß verneinte jedoch Elisabeth Ruby dies. Vgl. Positio II, Summarium I, 393.

19 R. Lejeune, Wie Gold im Feuer, 226.

20 zit. nach: H. Gebert, Karl Leisner als Schönstätter, 38.

21 W. Haas, Christus meine Leidenschaft, 36.

22 W. Haas, Christus meine Leidenschaft, 38.

23 W. Haas, Christus meine Leidenschaft, 50 f.

24 Es waren die evangelischen Geistlichen.

25 O. Pies, Stephanus heute, 152 ff.

26 zit. nach: H. Gebert, Karl Leisner als Schönstätter, 39.

27 Mater habebit curam, die Mutter wird Sorge tragen.

28 Mater ter admirabilis, Dreimal wunderbare Mutter. Name, unter dem Maria in der Schönstatt-Bewegung angerufen und verehrt wird.

29 So hieß der ihn behandelnde Arzt in Planegg.

30 Brief vom 4. September 1945 an Wilhelm Leisner, in: W. Haas, Christus meine Leidenschaft, 69.

31 zit. nach: W. Haas, Christus meine Leidenschaft, 68.

32 Johannes Paul II., Wir sind die Jugend der Kirche. Ansprache an die Jugend Europas in Straßburg am 8. Oktober, in: Der Apostolische Stuhl 1988, Köln-Vatikan o.J., 812.

33 Die Münsteraner Theologengruppe von Karl schaltete sich am 18. Oktober 1939 in die von der Schönstatt-Bewegung getätigte Marienweihe im Sinne der Ganzhingabe (Blankovollmacht) ein. Karl Leisner war von St. Blasien aus im Geiste mit dabei. Daran erinnert die Bemerkung.

34 Bei den Genannten handelt es sich um die Mitglieder der Münsteraner Schönstattgruppe: Bernhard Leusder, Arnold Mente, Alois Hegemann, Heinrich Enneking, Tonius Wissing. Kaplan Bernhard Burdewick begleitete die Gruppe in der Kandidatur für den Priesterbund.

35 Gemeint ist Heinrich Enneking.

36 Willi Meyer war ebenfalls Priester der Diözese Münster und Mithäftling im KZ Dachau.

37 P. Ferdinand Kastner war zu dieser Zeit für die Schönstatt-Theologen verantwortlich.

38 P. Josef Fischer, ebenfalls Schönstätter, wurde im Juni 1941 ins KZ Dachau eingeliefert.

39 Wilhelm Wissing, der Nachfolger Karl Leisners als Diözesanjungscharführer.

40 Tonius Wissing, Mitglied der Münsteraner Schönstattgruppe, war von 1939 bis 1941 Kaplan in Bocholt. Er starb am 29. Dezember 1941 in Bad Lippspringe. Am 26. Dezember hatte Tonius Wissing noch einen Brief an seine Gruppenfreunde diktiert. Dieser bringt seine Bereitschaft zur Ganzhingabe zum Ausdruck und besonders auch seine Solidarität mit Karl Leisner im Leiden. Ausdrücklich bat er Heinrich Tenhumberg, seine Botschaft auch Karl Leisner zukommen zu lassen. Darauf bezieht sich dieser in seinem Brief.

41 P. Albert Eise starb am 3. September 1942 im KZ Dachau an Hungertyphus.

42 Anspielung auf die Blankovollmacht-Weihe der Gruppe am 18. Oktober 1939.

43 Anton Völkering, Mitglied der Schönstattgruppe aus Münster.

44 Gemeint ist P. Ferdinand Kastner.

45 Am 6. Oktober 1943 legten alle Schönstatt-Bundespriester der Diözese Münster, darunter auch die Gruppe von Heinrich Tenhumberg, die Inscriptio-Weihe ab.

Literaturhinweise

AMBROSI, Andrea / ESSER, Ambrosius, Beatificationis seu Declarationis Martyrii servi Dei Caroli Leisner in odium fidei, uti fertur, interfecti (+ 1945) Positio super Martyrio, vol. I und II, Congregatio de Causis Sanctorum, Rom 1995

GEBERT, Hermann, Karl Leisner als Schönstätter, in: Regnum 30 (1996), 34-43

HAAS, Wilhelm (Hrsg.), Christus meine Leidenschaft. Karl Leisner. Sein Leben in Bildern und Dokumenten, Kevelaer 1977

KLEIN, Josef, Franz Reinisch – Karl Leisner (Gelebtes Schönstatt), Schönstatt 1952

LEJEUNE, René, Wie Gold im Feuer geläutert. Karl Leisner (1915-1945), Hauteville 1991

ders., Karl Leisner und das neue Europa, in: Regnum 26 (1992) 24-30

PIES, Otto, Stephanus heute, Kevelaer 1951 (hier zitiert nach: Leipzig 1957)

Themenheft basis 1/1996

Weitere Lebensbilder

Bischof Heinrich Tenhumberg
Gedenkschrift; 158 S., kartoniert

Jutta Dirksen, **Wagnis Freiheit**
Pater Franz Reinisch; 168 S., kartoniert

Albert Eise, **Seine Handschrift**
Geschichte (mit)geschrieben; 58 S., kartoniert

Eugen Schmidt, **Pater Albert Eise**
Ein Herold Mariens; 216 S. mit Abb., kartoniert

Engelbert Monnerjahn, **Häftling 29392**
Der Gründer des Schönstatt-Werkes als Gefangener der Gestapo 1941-1945; 4. Auflage, 360 S., Leinen

Joachim Schmiedl, **Ein Gang durch Dachau**
Mit Pater Kentenich im Konzentrationslager; 68 S.

Alexander Menningen, **Pater Kentenich** – *Bekenner von Dachau*, 2. Auflage, 29 Seiten, kartoniert

Norbert Martin, **Dr. Friedrich Kühr**
Biographie; 122 S. mit Abb., kartoniert

Esteban Uriburu, **Der arme Diakon**
Joao Pozzobon, 239 S mit 8 Abb., kartoniert

Esteban Uriburu, **Barbara Kast**
1950-1968; 2. Auflage, 181 S, kartoniert

Benito Schneider, **Mario Hiriart**
Ingenieur und Heiliger; 184 S. mit Abb., kartoniert

Rudolf Ammann, **Gilbert Schimmel**
Hände mit Herz; 203 S., kartoniert

Rudolf Ammann/Karl Bausenhart/Josef Klein
Der Gefährte – *Erste Erinnerung an P.Dr. Alexander Menningen*, 72 S., kartoniert

Johannes M. Blank, **Wolfgang Nerlich**
Tagebuch eines Postlehrlings; 125 S., kartoniert

Paul Hannappel, **Jeanne d'Arc** – *Weihegabe, Zeichen, Vermächtnis*; 245 S.,kt